« Est-ce que vous comptez aller à Porquerolles, cette année ? »

Le cercle des Mahé
G. Simenon

LA MORT ESTIVANTE

© Pierre Julien, 2015
ISBN 978-2-9551438-3-4
Photographie de couverture : Louis S. Robion

Pierre JULIEN

LA MORT ESTIVANTE

Roman

Editions du Cafourche

I

Sur la place d'Armes ensoleillée la foule des jours de fête se pressait nonchalamment. En cette fin d'après-midi, les rayons du soleil déclinant devenaient tout à fait supportables et animaient de teintes chaudes le clocher et la façade géométrique de l'église qui dominait la place, vaste espace de terre battue, dont le nom rappelait que, de longue date, l'île vivait en symbiose avec la Marine. Des groupes, revenant de la plage, traversaient le village la serviette sur l'épaule en traînant leurs pieds chaussés d'espadrilles et s'attardaient au spectacle de trois ou quatre baraques de foire montées le matin même. Elles étaient maintenant ouvertes et des groupes de badauds se formaient, attirés par les bonimenteurs armés d'un micro crachouillant. La plus populaire était un stand de tir. Une petite foule d'amateurs s'essayaient déjà à décrocher à coup de carabine et de pistolet des lots tous plus kitschs les uns que les autres. Au claquement des balles contre la tôle répondait celui des carreaux des joueurs de boules qui avaient dû migrer un peu plus haut devant l'église. Cette migration forcée avait mis les boulistes de méchante humeur et on les entendait jurer un peu plus que d'ordinaire. Ici et là, de petites bandes de gamins et d'adolescents passaient et repassaient. Les plus jeunes allaient du chamboule-tout au marchand de barbe à papa, en passant par la grue sous cloche de verre et son entassement de boules de chewing-gum colorées, de porte-clés et de canifs fantaisistes, en se promettant de revenir plus tard, lestés de quelques pièces extorquées à leurs parents. Les plus grands affectaient de dédaigner ces gamineries en lorgnant tout de même sur le stand de tir.

Assis à l'écart de la foule, sur le muret qui bordait le rectangle de ciment qui servait de piste de danse les samedis soir et jours de fête, le long de la grand rue qui traversait le village, la seule à vrai dire, Julien, Justin, Jean-Pierre et Robert regardaient deux bénévoles du comité des fêtes accrocher des guirlandes lumineuses et des petits drapeaux aux arbres entourant la piste. Ils avaient déjà monté une sorte de podium de taille modeste, accoté à l'ancienne pompe à eau du village, et se battaient maintenant avec les nœuds des câbles électriques entortillés.

On était le 15 août, fête de Sainte-Anne, patronne de l'île.

Justin interpela les deux jeunes : « quel est le programme ? »

– Tu sais pas lire ? C'est affiché à la mairie. C'est comme d'habitude : concours de boules, bal et feu d'artifice.

– C'est nouveau, ça, le feu d'artifice ! Vous avez du fric cette année ?

– C'est spécial. C'est un don d'un ami de Porquerolles !

– Sans blague, c'est qui ?

Le jeune, qui était le fils du maire, descendit de son échelle et s'approcha du groupe d'un air important.

– C'est confidentiel, il veut rester anonyme, mais suivez mon regard… !

Les quatre se tournèrent dans la direction suggérée et repérèrent une silhouette connue qui traversait la place en direction des stands de foire. L'homme marchait posément, son élégance informelle tranchait avec le débraillé en vigueur alentour. Son pantalon de lin blanc gardait un pli impeccable, son blazer léger à fines rayures boutonné sur une chemise bleu pâle, était agrémenté d'une pochette fuchsia, en harmonie avec le foulard de soie qu'il portait au cou en dépit de la chaleur. Même ses chaussures de simple toile avaient un je-ne-sais-quoi de recherché. Tous le connaissaient, de vue au moins, car il faisait partie des habitués revenant chaque année au mois d'août.

A mi-chemin, l'homme fut rejoint par une femme qui avait couru derrière lui pour le rattraper. De là où ils se trouvaient, les jeunes gens ne pouvaient distinguer les paroles échangées. Ils se contentaient de suivre avec intérêt les mouvements de la femme. Grande et perchée sur des mules à hauts talons, sa silhouette était mise en valeur par un pantalon corsaire vert pomme collant et un chemisier blanc noué de manière savamment négligée sous la poitrine, laissant à nu le bronzage entretenu de sa taille fine.

Le silence fut rompu par Justin. « Celle-là, je lui donnerais bien l'heure ! » Depuis qu'il avait lu l'expression quelque part, il la ressortait volontiers.

– Arrête ! fit Jean-Pierre en secouant la tête. Tu t'es déjà fait jeter par Lisa. Arrête de courir après les grandes. Tu n'es pas encore vraiment sur le marché !

– Tout de même ! reprit Justin. Si c'est pas malheureux ! Elle a au moins trente ans de moins que lui ! Tu vas pas me dire, il doit en avoir du fric pour qu'elle l'ait épousé !

Le deuxième bénévole les avait rejoints et tous les six continuaient d'observer le couple. La femme sembla confier à son mari le fourre-tout de plage qu'elle portait en bandoulière, puis s'éloigna avec un geste gracieux de la main. Passant à quelques mètres du groupe, bien consciente de l'effet qu'elle produisait, elle adressa aux adolescents un sourire qui les laissa tétanisés.

– Bon, ça y est, vous avez fait le plein d'images ? lança le fils du maire, qui n'avait pas moins rêvé que les autres, et, s'adressant à son collègue : on a autre chose à faire qu'à mater les gonzesses, nous ! Tous deux remontèrent sur leurs échelles en pestant contre ceux qui avaient rangé le matériel n'importe comment après la dernière fête et se remirent à suspendre les décorations.

Les quatre autres jetèrent un dernier coup d'œil vers la place. L'homme était en train de se fondre parmi les badauds entourant les stands, il tenait le cabas de sa femme d'une main et serrait sous son bras une liseuse en cuir fatigué qui ne le quittait jamais. On ne distingua bientôt plus que son panama clair, puis la foule se referma sur lui.

Les joueurs de boules étaient maintenant redescendus vers le centre de la place. Le concours tirait à sa fin. On en était à la finale. Une petite foule compacte entourait les joueurs et se déplaçait avec eux. Chacun retenait son souffle lorsque le tireur attitré de l'une des équipes se préparait avec la concentration d'un matador avant l'estocade. Puis les ho ! et les ha ! de satisfaction, ou de dépit, fusaient, un joyeux drille lançait quelques commentaires bien sentis sur le dernier coup, les équipiers s'engueulaient ou se congratulaient bruyamment pour la galerie. Bref, tous les ingrédients d'une pagnolade étaient là pour la joie des touristes ravis qui prenaient des photos pour les soirées d'hiver.

Le village était maintenant complètement sorti de sa torpeur méridienne. Les groupes de touristes de passage, qui n'étaient venus que pour la journée, s'en retournaient des plages de plus en plus nombreux. Certains flânaient encore, à la recherche d'un souvenir pas trop hideux parmi ceux offerts par le petit magasin d'objets « typiques » installé à côté de l'épicerie, ou bien hésitaient à acheter un coffret de vins de l'île scandaleusement cher. D'autres se dirigeaient à marche forcée vers le port dans la crainte de rater le bateau qui les ramènerait sur le continent.

Les commerces avaient rouvert, les terrasses des hôtels et des cafés commençaient à se peupler d'habitués. Traversant la place en tous sens dans leurs tenues noires et blanches presque toutes identiques, les petites serveuses des hôtels-restaurants, leur pause terminée, se dépêchaient d'aller prendre leur service.

Soudain les cloches se mirent à sonner à toute volée et les portes de l'église s'ouvrirent en grand. Sur la place, toutes les têtes se tournèrent dans un même mouvement, les touristes ralentirent le pas et le tireur qui s'apprêtait à casser la boule de son adversaire, resta suspendu en un geste élégant.

– Putain, c'est vrai ! C'est le mariage de Lea Bellachiosa ! s'exclama Justin

Robert fronça les sourcils, perplexe.

– Tu sais pas qui c'est ? Mais c'est la grande actrice italienne ! C'est comme Brigitte Bardot chez nous ! Elle se marie avec un Américain, un producteur, ou quelque chose comme ça, enfin, un qui a du pognon.

– Les Ricains, ils nous les piquent toutes ! soupira Jean-Pierre mélancolique.

Justin avait un fort penchant pour les beautés de la péninsule. Il les aimait de préférence brunes (admettant toutefois des exceptions), pulpeuses, à la fois animales et maternelles, sensuelles et faussement innocentes. Des « vraies » femmes, quoi ! Pas de ces blondinettes maigrichonnes et chichiteuses qu'il abhorrait. Il allait voir tous les films italiens qui étaient projetés à Toulon, même ceux qui passaient dans le seul cinéma d'art et d'essai de la ville, et dont le sens profond lui échappait souvent. A la sortie, il se faisait expliquer le film par Julien qui était aussi un habitué de cette salle. Mais ce qui lui importait, c'était toutes ces magnifiques créatures, Monica Vitti, Sophia Loren, Claudia Cardinale, Virna Lisi, et les autres. Quel bonheur ! Quel plaisir des yeux ! Que de matière à rêveries ! Il trouvait que cela valait bien de supporter un film incompréhensible pendant deux heures. Justin n'était pas un admirateur ordinaire. Il ne collectionnait pas les photos de ses célébrités préférées, il ne connaissait pas grand-chose de leur vie, en dehors de quelques bribes apprises par hasard. Il les adorait dans sa tête, telles qu'elles apparaissaient à l'écran, comme les déesses et les muses qui peuplaient les rêves des devins antiques.

Julien, qui n'avait rien dit jusqu'alors, expliqua : « Lea Bellachiosa est venue se marier à Porquerolles parce que son grand-père, qui avait été maçon en France dans sa jeunesse, avait travaillé ici sur un chantier de la Marine. Il avait aussi un peu réparé l'église et sculpté un chemin de croix. Elle a dû trouver ça émouvant et original. Ils sont venus avec l'Américain, invités sur le yacht de Ponderose, le milliardaire. »

– D'où tu sais tout ça ? demanda Justin soupçonneux.

– Je lis le journal.

Entretemps les nouveaux époux étaient sortis de l'église. Sur le parvis, en haut des quelques marches usées par le temps, ils se prêtaient aux caprices d'une grappe de photographes jaillis d'on ne sait où.

– Ils étaient cachés dans la sacristie, ou quoi ? rigola Robert.

Pendant que la star et son nouvel époux se laissaient immortaliser sous toutes les coutures, la foule, qui jusqu'alors se répartissait de manière aléatoire sur la place, effectua un mouvement convergent vers l'église et délaissa les stands et les joueurs de boules, tandis que les plus valides des vieillards assis sur les bancs à l'ombre des eucalyptus se levaient, la main en visière, pour voir ce qui se passait.

Abandonnant ses copains Justin galopa vers l'église. Les autres demeurèrent à leur poste d'observation.

– Il a tort, observa Julien ; pour redescendre ils vont forcément passer par ici, il aurait tout aussi bien vu.

La foule était maintenant rassemblée de manière compacte au bas du parvis. En haut des marches, Léa Bellacchiosa faisait encore à ses admirateurs l'aumône de quelques sourires éclatants. Les happy few qui avaient assisté à la cérémonie sortaient maintenant de l'église. Léa s'empara du curé qui résista pour la forme et le plaça entre elle et son époux. Les appareils de photo cliquetèrent.

– Il faut avouer, fit observer un habitant de l'île à un touriste, qu'il a de la gueule notre curé ! Vous avez vu sa barbe de missionnaire ? Ses sermons sont un peu emmerdants, ça, c'est vrai. En général tout le monde s'endort ; mais pour la décoration, il est bien ! C'est pas étonnant qu'elle le veuille sur la photo !

Aux côtés de Léa, son mari, dont la douce lumière de cette belle fin d'après-midi faisait ressortir le bronzage, souriait de toutes ses dents impeccables et agitait la main en direction des badauds. Admirant contre son gré la prestance de l'Américain aux larges épaules, à l'aise dans son costume brillant, Justin refoula son dépit et choisit d'ignorer l'intrus. Il reporta son attention sur Léa.

Celle-ci avait mis fin d'un geste gracieux à la séance de photos et commençait à descendre les quelques marches du parvis, suivie de ses amis et invités. Deux costauds à lunettes noires lui frayaient un chemin dans la foule débonnaire qui s'écartait spontanément en applaudissant.

– Quelle femme ! Quelle femme ! pensait Justin enfiévré qui s'était débrouillé pour se glisser aux côtés de son idole du jour.

Léa avait déchiré son voile et en distribuait des morceaux tout en marchant et répondait gentiment aux admirateurs qui l'interpelaient. Justin en reçut un et le plia avec ferveur dans sa poche. Le cortège atteignait le bas de la place et, pour rejoindre le port, passait à quelques mètres des copains de Justin qui n'avaient pas bougé. Une jeune fille d'une vingtaine d'années se tenait près d'eux. Sa robe rouge toute simple révélait son corps sans ostentation, ses cheveux d'un noir intense étaient retenus par un élastique, elle ne portait pas d'autre bijoux qu'une fine chaîne en or sur sa peau mate. Au passage du cortège, elle avisa Justin et eut un léger sourire ironique. Justin croisa son regard et s'empourpra.

Robert chuchota aux autres : « quel couillon ce Justin ! Il se fait rembarrer par Lisa la semaine dernière et aujourd'hui elle le voit courir derrière la star comme un petit chien ! »

Jean-Pierre proposa : « allez, on va les suivre jusqu'au port quand même ! Je voudrais bien les voir embarquer. »

Les garçons se laissèrent glisser mollement du parapet et emboîtèrent le pas aux curieux. La fille les suivit à quelque distance.

Lorsque la noce passa devant l'Escale, quelques clients installés à la terrasse du café applaudirent en levant leur verre. Léa ne cessait de distribuer son merveilleux sourire ; les invités, parmi lesquels certains cinéphiles avaient fini par repérer quelques célébrités, fraternisaient avec les insulaires.

Robert remarqua : « tiens, la mère Rosely est au comptoir. »

Julien regarda dans le bar et aperçut la femme qu'ils avaient observée sur la place avec l'homme au panama quelques instants auparavant. Juchée sur un tabouret, elle conversait avec un jeune homme pieds nus, en jean délavé et en T-shirt blanc.

– T'as vu, fit Robert, c'est Tony, le fils Escola. Je parie qu'elle se le fait !

Derrière eux, la fille en rouge s'était arrêtée et regardait elle aussi dans le bar. Son visage était inexpressif, seule une contraction des lèvres semblait trahir une émotion indéfinissable. Elle fit demi-tour et retourna vers la place.

***

Les guirlandes étaient allumées depuis déjà le coucher du soleil, mais le bal n'allait commencer qu'à neuf heures. En attendant, les quatre garçons qui s'étaient retrouvés sur la place après le dîner familial, faisaient l'aller-retour entre le port et l'extrémité du village pour tuer le temps. Robert et Jean-Pierre se moquaient gentiment de Justin et de sa passion italienne.

Il se défendit : « n'empêche, vous y êtes allés sur le port, vous aussi ! »

– Elle est quand même pas mal, admit Julien, faut avouer. Et puis, une robe de mariée, ça en jette !

En passant devant les restaurants, ils jetaient un coup d'œil distrait sur les tables dont les nappes blanches mettaient en valeur les couleurs chaudes des plats de bouillabaisse et des verres de vin qu'éclairaient doucement les bougies dans leur photophore coloré. Les conversations étaient animées et le volume sonore élevé. Il flottait jusque dans la rue un parfum d'ail, de safran et de soupe de poisson. Parfois ils croisaient un groupe de femmes parfumées pour la fête et leurs éclats de rire pénétraient leur corps douloureusement. Arrivés au dernier réverbère, au coin de l'intersection de la route du phare et de celle du Langoustier, ils s'arrêtaient une minute ou deux, puis revenaient sur leurs pas.

Sur le chemin du retour, Robert aperçut Lisa, de service en terrasse au restaurant de l'Arche de Noé. Elle avait troqué sa robe rouge pour la tenue noire et blanche de rigueur et s'activait entre les tables. Il donna un coup de coude à Justin qui l'ignora. Le mouvement n'avait pas échappé à Julien. Il ralentit le pas et observa la jeune fille qui s'était arrêtée à une table pour prendre une commande. Etait-ce la lueur dansante de la flamme des bougies vacillant lorsque les dîneurs tournaient brusquement les pages du menu, ou la concentration de son visage ? Justin lui trouva le masque d'une beauté tragique. Celle des héroïnes des récits antiques et des modernes films noirs.

A une table voisine, le couple Rosely dînait en tête-à-tête. Ils en étaient au dessert. Francis Rosely chauffait dans la paume de sa main un verre d'alcool et paraissait raconter une histoire. Isabelle Rosely, penchée sur son assiette, souriait vaguement.

Les flâneurs avaient maintenant à nouveau envahi la rue principale et les alentours de la piste de danse illuminée par les guirlandes et quatre petits projecteurs de couleur accrochés aux angles. Le troisième âge, presque exclusivement féminin, avait pris possession des bancs les plus proches de la piste et entendait n'en être pas délogé de toute la soirée. Sur le podium, les deux bénévoles du comité des fêtes achevaient d'installer deux tourne-disques et d'opérer les derniers branchements.

Les garçons avaient, une fois de plus, atteint l'extrémité du village côté port et restaient plantés là, indécis, au coin de la rue de la Douane. Ils se demandaient s'ils allaient remonter vers le camp de la Marine pour revenir sur la place en passant par l'église, afin de varier un peu l'itinéraire, lorsqu'éclatèrent soudain les accents martiaux du paso-doble qui donnait rituellement le signal du bal.

– Ça y est, s'exclama Jean-Pierre ! Ça commence !

– Ben, c'est pas trop tôt, grogna Justin.

– De toutes façons, objecta Robert, c'est pas la peine d'y aller tout de suite, y aura dégun ! Parce que, justement, c'est trop tôt !

– Et qu'est-ce que tu veux faire, alors, encore trois fois le tour du village ?

– On fait un baby à l'Escale, puis on y va tranquillement, proposa Julien.

La perspective d'une partie de baby-foot les ragaillardit.

– Je vous prends tous un par un et je vous écrase ! fanfaronna Robert en pénétrant dans le bar.

Une demi-heure plus tard ils se mêlaient aux badauds qui entouraient la piste. Proches d'eux, des filles du village serrées les unes contre les autres gloussaient en les lorgnant à la dérobée. Robert asticotait Justin.

– Qu'est-ce que t'attends ?

– T'as vu les morveuses ? Elles ont pas plus de quatorze ans !

Robert, qui était de Porquerolles, les connaissait et leur lança quelques plaisanteries auxquelles elles répondirent gaillardement.

Jean-Pierre avait invité une petite serveuse de l'hôtel Sainte-Anne qui venait visiblement de finir son service car elle était encore en tenue. La clientèle de cet hôtel était familiale, on y dînait tôt.

La piste se peuplait peu à peu. Les couples d'estivants en tenues claires se mêlaient aux couples de locaux le temps d'un tango ou d'une valse. Des marins en uniforme badaient au bord de la piste. Leurs gros godillots effrayaient un peu les filles qui craignaient pour leurs orteils. Des bandes de gamins s'amusaient à courir à travers la piste. Le maire faisait le tour des groupes. Les jeunes attendaient des danses un peu plus à leur goût et encourageaient les bénévoles sur le podium à changer de rythmes.

Des twists, des rocks et des cha-cha-cha entrecoupés de slows avaient maintenant succédé aux airs d'antan. Julien, qui dansait peu et mal, observait distraitement les danseurs et les spectateurs. Abandonné par la serveuse, Jean-Pierre l'avait rejoint. L'attention des deux fut attirée par un groupe de danseurs déchaînés. Au milieu d'un cercle d'hommes, Isabelle Rosely se déhanchait sur un mambo endiablé. Parmi eux, toujours pieds nus, mais élégant dans son jean effrangé et le T-shirt qui moulait son torse, Tony Escola se mouvait avec une grâce naturelle, sans quitter la danseuse des yeux. Celle-ci, vêtue cette fois d'un corsaire turquoise qui collait à sa peau, d'un boléro minimaliste et de sandales dorées à hauts talons, virevoltait sous les regards de ses partenaires. Il sembla à Julien qu'elle ne dansait que pour un seul.

– Tu crois que c'est vrai, ce que raconte Robert ? demanda Jean-Pierre

– Julien haussa les épaules. « Pour ce que ça change ! » La danse s'achevait. Un slow s'annonçait. Il avisa la silhouette de Lisa. Elle avait gardé le chemisier noir du service et avait simplement passé une jupe rouge. Il hésita. Mais déjà, s'étant détaché du groupe, Tony s'était emparé de la jeune fille et l'entraînait sur la piste. Julien soupira.

– Robert et Justin sont à la grange avec des filles, sur la route du phare, on y va ? proposa Jean-Pierre.

– Je vous rejoindrai tout à l'heure, répondit Julien un peu démoralisé, en plus j'ai promis à mon petit neveu de l'emmener à la pêche demain à six heures !

II

Isabelle Rosely referma sans bruit la porte de sa chambre et descendit l'escalier silencieusement, ses sandales à la main. A peine aurait-on pu entendre le léger frottement de ses pieds nus sur les tomettes. Elle poussa la porte de service et se retrouva presque immédiatement sur la plage. Elle n'avait qu'une cinquantaine de mètres à parcourir jusqu'au ponton où était amarré un gros pointu ponté. Aucune lumière ne filtrait de la cabine du bateau. La plage n'était que faiblement éclairée par le pinceau intermittent d'un phare lointain qui balayait la cime des pins. Le sable était frais sous ses pieds, elle se hâtait légère, l'esprit tout à ce qui l'attendait. Une explosion ébranla soudain l'atmosphère, effrayant quelques mouettes qui s'envolèrent à grands cris. Le feu d'artifice commençait.

III

La mer semblait de verre liquide, transparente, verte et lisse. Pas un souffle d'air, pas une ride ne troublait sa surface. Julien fixait le bout de sa ligne qui se brisait dans la pellicule irisée d'une fine nappe d'huile échappée d'un pointu matinal, et bâilla. Pierrot, son neveu, avait calé deux palangrottes et tenait fermement une canne à moulinet toute neuve qu'il étrennait pour l'occasion. Trois autres minots étaient répartis sur le ponton qui s'avançait d'une trentaine de mètres depuis la petite plage du port, en face de l'hôtel Miramar. Dans un seau rempli à moitié d'eau de mer survivaient une douzaine de girelles et trois sars, produits de la pêche des gamins. Julien se souvenait d'avoir pris ici même une belle daurade, il y a quelques années, à peu près à l'âge de Pierrot, à une époque où il était aussi enragé de pêche que son neveu. Cela lui était passé depuis et il se serait bien vu au fond de son lit, surtout après la courte nuit précédente, mais une promesse était une promesse. Pendant la nuit, un orage bref mais violent avait nettoyé le ciel. Ils étaient arrivés sur le ponton peu après l'aube, frissonnant dans l'air frais du matin. Le soleil s'était paresseusement levé dans leur dos, éclairant les unes après les autres les façades ocre des maisons au bord de l'eau, la terre rouge et les rochers blancs sur lesquels se penchaient les branches torturées des pins parasols. Le regard portait jusqu'à l'horizon. Au loin, sur le continent, les collines se détachaient nettement, comme toutes proches et bien dessinées, dans l'air encore pur de toute brume. Il n'était maintenant pas loin de huit heures. Le port avait commencé à s'animer, quelques pêcheurs, dans leur éternel pantalon de toile bleue et maillot rayé délavé, s'activaient autour de leur barque. Une famille d'estivants, des habitués, chargeaient des glacières et du matériel de plongée sur le gros pointu qu'ils louaient chaque année. Julien les connaissait de vue, quatre filles et leurs copains et copines. Puis encore un autre groupe qui se dirigeait vers le bateau de Tony Escola amarré à la jetée. Il estima que sa promesse était maintenant largement tenue.

– Allez, Pierrot, on ramasse et on rentre !
– Ah, non ! protesta le gamin, encore cinq minutes ! Je sens que ça pite partout !
– Cinq minutes ! Pas plus ! Tu sais que ta tante nous attend pour le petit déjeuner.

Il remonta tranquillement sa ligne qu'il avait trempée dans l'eau pour la forme. Décidément, la pêche, ce n'était vraiment plus son truc. Assis sur un vieux caisson, il s'amusa de l'expression tendue de Pierrot, concentré, qui remontait sa ligne à petits coups. On eut cru que sa survie dépendait de ce qu'il allait ramener au bout du fil. Soudain Julien se pencha, le bout de la canne de Pierrot avait plongé.

– Pierrot ! Attention ! Tu as quelque chose, là ! C'est gros !

Les autres gamins laissèrent tomber leur ligne et accoururent.

– C'est au moins une daurade ! fit Dédé.
– Peut-être un congre ? proposa Renaud.
–Il n'y a pas de congre ici, c'est que du sable ! corrigea avec mépris le troisième. Moi je dis, c'est un loup !

Julien observait le bout de la canne de Pierrot. Ses réflexes de pêcheur lui revenaient. Il y avait quelque chose de bizarre.

– Remonte doucement, sans à-coups. Tout doucement. Qu'est-ce que tu sens ?

La canne ployait, mais Pierrot ne sentait rien. Pas de tractions, pas de ces frétillements qui trahissent les efforts affolés de l'animal pour se dégager de l'hameçon. Renaud qui ne digérait pas de s'être fait remettre à sa place, ricana.

– C'est peut-être une godasse, finalement !

Cela venait lentement. Le fil se déplaçait de gauche à droite, décrivant une sorte de S irrégulier à la surface de l'eau. Une forme se laissa peu à peu deviner, puis vint tout doucement affleurer la surface. Pierrot poussa un hurlement et laissa échapper sa canne que Julien rattrapa au vol.

Accrochée à l'hameçon par la fermeture éclair de son corsaire, Isabelle Rosely tournait lentement sur elle-même, le visage vers le ciel, les bras en croix, les genoux fléchis pointant hors de l'eau sous la tension du fil. Ses cheveux, défaits, flottaient étalés comme un banc d'algues à la dérive. Les quatre gamins regardaient pétrifiés. Julien se ressaisit.

– Vous dégagez tous du ponton ! Pierrot, tu cours voir ton oncle. Il saura qui prévenir !

Que fallait-il faire ? Traîner le cadavre jusqu'à la plage ? Julien avisa l'épuisette que les gamins avaient abandonnée. La scène lui paraissait irréelle, presque comique. A la vue des ongles carmin des pieds nus du cadavre, il pensa soudain aux géraniums que faisait pousser sa mère sur le balcon de leur appartement. Il fut pris d'un rire nerveux.

Tout en tirant sur le fil de la main gauche, il s'efforça de pousser avec le manche de l'épuisette le corps qui vint finalement s'échouer dans l'eau peu profonde à quelques mètres du rivage. Epuisé, il s'assit à même les planches du ponton et attendit la suite.

IV

Assis à la proue du bateau faisant la traversée depuis la Tour Fondue, le commissaire Donadey et l'inspecteur Renart regardaient en silence les rivages de l'île de Porquerolles se préciser à travers la brume de chaleur qui les avait voilés jusqu'alors.

– Vous connaissez déjà l'île, commissaire ? demanda Renart.

Donadey émit un grognement qui pouvait tout dire.

– Je n'ai pas bien compris ce que l'on venait faire, reprit Renart sans insister. Une noyée à Porquerolles, c'est plutôt l'affaire des gendarmes, non ?

Le commissaire sortit de sa poche un paquet de Gauloises froissé, tira une cigarette tordue, puis, renonçant à essayer de l'allumer, la remit difficilement dans le paquet.

– On se joint à l'enquête, c'est tout.

Le bateau passait la presqu'île de Pointe-Prime. On pouvait maintenant nettement distinguer les yachts à l'ancre, et, en arrière-plan, le clocher carré de l'église et les maisons du port dominées par le fort Sainte-Agathe perdu dans les pins. Le regard du commissaire se porta sur la droite, vers la petite bande de sable au bout de laquelle s'avançait un ponton en bois. Il désigna l'endroit à l'inspecteur.

– C'est là qu'on l'a trouvée. La raison de notre présence, je vais vous la dire. La morte n'est pas tout à fait n'importe qui, et son mari encore moins. Il extraya de la poche de son veston un papier plié en quatre qu'il consulta. Isabelle Rosely, de son nom de jeune fille Thibottais, est la demi-sœur du directeur de cabinet du ministre de l'Intérieur. Son mari, Francis Rosely est un éditeur apparemment connu. Les Editions du Berger, ça vous dit quelque chose ? Non ? A moi non plus. En outre, et je dirais surtout, il est propriétaire de plusieurs quotidiens ou hebdomadaires de la presse régionale et, à ce titre, est évidemment influent. Il a donc de nombreux amis, et sans doute, bien sûr, des ennemis. Il est également poète.

– Renart fit la moue. Ça ne me dit toujours pas pourquoi nous sommes ici. Ce matin, vous m'avez attrapé au vol et embarqué sans explications vers la Tour Fondue. Je pourrais peut-être en savoir un peu plus ?

– J'y arrive. Le directeur en question possède une propriété de famille sur la Côte, au Cap Brun, où il passe régulièrement ses vacances. Il y a un peu plus de deux ans, il s'est fait saucissonner par trois voyous qui ont pillé la baraque. Il a eu peur du ridicule. Vous imaginez : le défenseur de l'ordre et de la sécurité des personnes, ficelé et rançonné chez lui comme un pékin ordinaire ! Rien n'a filtré dans la presse et on a pu mettre la main sur les trois pieds nickelés en quarante-huit heures. Ebahi par mon efficacité et enchanté de ma discrétion, il me voue depuis une reconnaissance éternelle qui nous vaut d'être sur ce bateau aujourd'hui. Je lui avais rendu service, je suis donc son obligé...

— C'est tout ?

— C'est tout. On va causer avec nos collègues gendarmes, faire un petit tour du village et demain, on rentre à Toulon. Remerciez-moi, Renart, c'était pour vous aérer un peu que je vous ai bousculé ce matin. L'air des commissariats, à la longue, c'est toxique ! J'espère que vous avez emporté un maillot de bain ?

Dans un vrombissement de moteur et des remous d'écume, le bateau acheva sa manœuvre et accosta au quai où étaient amarrées plusieurs navettes assurant la traversée. En ce milieu d'après-midi, les passagers n'étaient pas nombreux à descendre. Personne ne les attendait. Ils passèrent déposer leurs affaires à l'Hôtel de la Place, où leurs chambres avaient été retenues. Ils y furent accueillis par le maire du village, également patron de l'établissement, qui se répandit en amabilités. En quittant l'hôtel, Renart remarqua à la réception une petite affiche annonçant que la boîte de nuit de l'hôtel, *Le Trou du Pirate*, ouvrait à vingt heures trente chaque soir, et à dix heures le samedi.

— Dites-donc, c'est un homme moderne le maire ! s'était exclamé Renart. Il faudra aller y faire un tour !

A défaut d'autres lieux adéquats, les gendarmes s'étaient installés à la mairie, petite maison de poupée blanche située au bout du village. Donadey et Renart poussèrent la barrière du minuscule jardinet et, la porte étant restée grand ouverte à cause de la chaleur, pénétrèrent directement dans l'unique bureau.

Deux gendarmes se tenaient de part et d'autre de la fenêtre surdimensionnée dont les persiennes avaient été entrecroisées. Le temps que leurs yeux s'accoutument à la relative pénombre, le commissaire et son compagnon n'aperçurent pas immédiatement la jeune fille en robe rouge, immobile, qui les regardait entrer. Elle tenait une cafetière antique à la main et venait visiblement de servir les deux militaires qui buvaient dans des tasses dépareillées. Ils se présentèrent, puis le lieutenant désigna la jeune fille.

– Mademoiselle Lisa est la secrétaire de mairie ; elle a eu l'amabilité de nous faire du café. Vous en prendrez peut-être ? proposa l'officier, très mondain.

La jeune fille dénicha deux autres tasses ébréchées, les servit, puis sortit.

– Drôle d'affaire, n'est-ce pas ? fit le lieutenant en reposant sa tasse sur le rebord de la fenêtre. Ça va être délicat à gérer.

Les deux policiers se regardèrent. Le commissaire crut bon de déminer le terrain et de ménager les susceptibilités. « La personnalité de la noyée n'est pas tout à fait ordinaire, c'est vrai, et je comprends que notre présence peut vous paraître superflue, mais je peux vous assurer que nous n'avons pas l'intention de gêner votre enquête… »

– En effet, coupa le lieutenant, la personnalité et les circonstances sortent de l'ordinaire. Ça change des vols à la roulotte et des voyous sans envergure ! Nous avons dressé une liste des personnes à interroger, parmi lesquelles quelques suspects potentiels…

Donadey leva la tête. « Des suspects ? Je croyais que madame Rosely s'était noyée. Il y a quelque chose qui ne va pas ? »

– Comment ! s'étonna le lieutenant, vous n'êtes pas au courant ? Isabelle Rosely a bien été trouvée dans l'eau, certes, mais avec une balle dans la tête !

Le lieutenant ne semblait pas mécontent d'avoir décontenancé le policier. Le brigadier qui l'accompagnait observait la scène d'un air goguenard, les pouces passés dans son ceinturon. Renart regarda le commissaire. Il le connaissait suffisamment pour reconnaître sous ses traits impassibles, la montée d'une colère froide. Donadey repassait dans sa mémoire la conversation du matin, à vrai dire fort brève, avec le directeur de cabinet.

– On ne m'en a rien dit.

– Cela n'est pas étonnant, admit le lieutenant. Dès la découverte de la victime par des gamins, des premières constatations, très sommaires à vrai dire, ont été faites sur place par nos collègues de la gendarmerie maritime qui sont sur l'île, puis le corps a été transporté à la Marine…

– Ils ont une morgue ? s'enquit Renart que les détails pratiques intéressaient.

– Pas exactement, mais, disons, un endroit réfrigéré… Nous sommes arrivés d'Hyères en fin de matinée et avons procédé à un examen plus circonstancié. Il faut de toutes manières envoyer le corps à Toulon pour l'autopsie. Il partira par le bateau de dix-sept heures trente.

Donadey commençait à donner d'imperceptibles signes d'impatience. « Et donc, votre examen circonstancié… ? »

— Notre examen, reprit le lieutenant d'un ton docte, nous a permis de déceler un impact de balle au niveau du pariétal postérieur gauche. A peine perceptible dans les cheveux emmêlés, il est vrai. Sans doute un petit calibre. A mon avis, ce n'est pas cela qui a provoqué le décès de la victime, mais l'autopsie nous en dira davantage.

***

Donadey et son adjoint, en bras de chemise et sans cravate, étaient assis à une petite terrasse donnant sur la place, chacun devant une pizza déjà bien entamée. Il n'avait pas voulu dîner à l'hôtel malgré l'insistance du maire, mais avait préféré selon ses termes « dîner en ville », afin, prétendument, d'en respirer l'atmosphère. Les gendarmes, hébergés par leurs collègues de la Marine les avaient laissés se débrouiller. Renart saisit la bouteille de rosé qui surnageait dans son seau à glace et remplit les verres.

— Ça change un peu la donne, hein, patron ! On repart toujours demain ?

Le commissaire repoussa son assiette et alluma une cigarette.

— J'ai appelé le directeur de cabinet tout à l'heure, de l'hôtel. Ce matin, il n'était pas encore au courant pour la balle. Après, évidemment, il ne pouvait plus nous joindre.

Je vous passe les « je compte sur vous », « faites ce qu'il faut », « vous avez carte blanche », etc. En résumé, nous sommes maintenant officiellement sur l'affaire.

– Eh bien, nous allons nous aérer un peu plus longtemps que prévu ! fit Renart en s'étirant.

Après le passage à la mairie, les deux policiers et les gendarmes s'étaient rendus à l'extrémité de la jetée pour assister à l'embarquement de feu madame Rosely sur l'Oiseau des îles, vedette qui assurait la liaison directe avec Toulon. Quatre gaillards à pompon rouge venaient de décharger de la plate-forme d'un camion ce qui paraissait être une longue caisse enveloppée d'une bâche. La Marine avait fourni le cercueil, la mairie n'en ayant plus en réserve depuis la noyade d'un estivant en début de saison et l'avait emballé le plus discrètement possible. Comme d'habitude à cette époque, le bateau était bondé et l'on avait craint que l'apparition d'un cercueil ne sème le trouble chez les gens délicats.

– Il paraît qu'ils l'ont mise dans la glace, assura le brigadier au lieutenant.

– Ils sont forts ces marins ! apprécia le lieutenant. Je me demande ce que serait cette île sans la Marine nationale !

Après un dernier coup de sirène pour rameuter les retardataires, la vedette s'était éloignée du quai dans un bouillonnement d'écume. Isabelle Rosely, qui avait tant aimé capter l'attention du monde de son vivant, effectuait là son dernier voyage dans une totale discrétion.

Le regard perdu au loin, Donadey fumait distraitement, laissant se consumer entre ses doigts une Gauloise chiffonnée. Sur la place, quelques enragés poursuivaient une partie de boules à la lueur des réverbères.

– Vous savez, Renart, il n'y a pas longtemps que la mairie a installé ces lampadaires. Avant, il balaya les trois quarts de la place d'un geste, tout cela était dans le noir !

– Alors, vous connaissiez déjà Porquerolles ?

Le commissaire ne répondit pas et semblait poursuivre une rêverie.

– Les forains ont démonté leurs stands. C'est une péniche de la Marine qui va les ramener à Toulon, ou à Hyères, je ne sais plus. Toujours la Marine ! Comme dirait notre lieutenant. Un sourire indéchiffrable flottait sur ses lèvres.

Il sembla à l'inspecteur qu'il voyait son patron pour la première fois. Tourné de trois quarts vers la place, son visage était faiblement éclairé par les ampoules colorées censées donner un air de fête à la petite terrasse dont le charme tenait davantage à la vigne grimpante et au bougainvillier qui l'entouraient qu'aux pénibles efforts de décoration. Un visage anguleux et sec, surmonté d'une tignasse noire, barré de deux rides verticales de chaque côté de la bouche. Une bouche riche que l'on aurait attendue plutôt mince dans un tel assemblage, mais qui, à l'encontre du reste, fort austère, trahissait une sensualité latente, maîtrisée, et forte. Ce visage, il le connaissait de tous les jours, mais ce soir, il lui apparaissait animé d'une lueur dont il n'aurait su dire si elle était gaie, inquiétante ou, tout simplement, désespérément triste.

– Nous commencerons nos auditions demain, annonça Donadey. Il sortit de sa poche une feuille de papier pliée en quatre et la tendit à son adjoint. J'ai fait une petite liste d'après ce que les gendarmes nous ont raconté. On va commencer par là. On complètera ensuite.

Renart déplia le papier, une feuille de papier à lettre à l'entête de l'Hôtel de la Place, où ils étaient descendus. Elle ne comportait qu'un nom.
– Vous croyez que c'est lui ? interrogea Renart.
– Je ne crois rien. Mais il faut toujours commencer par le conjoint. En attendant, vous allez compléter cette liste, puisqu'elle vous paraît courte ; moi, j'ai une petite visite à faire.

***

Donadey écarta le rideau et descendit les quelques marches menant au *Trou du Pirate*. Son regard fit le tour d'une pièce en sous-sol dépourvue de fenêtres, lambrissée sur trois côtés en frisette dans l'espoir de donner au lieu un genre rustique. Le local était faiblement éclairé par des ampoules voilées de paniers d'osier et de tissus dans les tons rougeâtres. Le dernier mur était recouvert d'une fresque naïve représentant un personnage borgne agitant un sabre d'abordage sur un fond de cocotiers et de mer turquoise.

Le maire se tenait derrière le comptoir, rustique lui aussi, en rondins de pin brut soutenant une large planche grossièrement équarrie. Dans la salle aux trois quarts vide, des jeunes, garçons et filles en petits groupes, étaient attablés devant des cocas ou des jus de fruits ; les plus âgés étaient à la bière qu'ils buvaient à même la bouteille. Seul un couple d'amoureux blotti dans un coin paraissait avoir plus de vingt ans.

Donadey s'approcha du comptoir et commanda un cognac.

– Je n'en ai pas ici, fit le maire, mais je peux aller vous en chercher là-haut. Du pouce, en direction du plafond, il voulait sans doute indiquer le bar de l'hôtel.

– Ce n'est pas la peine. Qu'est-ce que vous avez, dans le genre ?

– Du whisky, ça ira ?

– Va pour le whisky !

Tout en mesurant la dose de liquide plus généreusement que d'ordinaire, le maire s'excusait. « Le cognac, Monsieur le commissaire, ce n'est pas le genre de la clientèle, vous comprenez… »

– Mais le whisky, oui… Un petit coup dans le coca ou le jus de fruit ? Ils n'ont pas l'air d'être bien majeurs vos clients…

Le maire prit un air ennuyé. « Ecoutez, Monsieur le commissaire, ici, on n'est pas à Toulon. C'est une île, c'est les vacances. On est un peu entre nous. Moi, j'ai ouvert cette boîte l'an dernier pour les jeunes, parce que, à part le bal du samedi soir, vous imaginez bien, qu'il ne se passe pas grand-chose. Et encore, j'ai eu du mal ! Il y en a qui ont crié à la révolution, que ça allait être la débauche ! Le bordel, quoi ! Aux prochaines élections, certains ne voteront plus pour moi rien qu'à cause de ça ! Vous pouvez constater vous-même : c'est plutôt gentil, non ? »

– Honnêtement, Monsieur le maire, je ne suis pas venu pour contrôler votre établissement philanthropique. Vous n'êtes pas de l'île, n'est-ce pas ?

– Non, je suis de Toulouse, la ville rose... J'ai rencontré ma femme ici. J'étais venu en vacances avec des amis. Je suis resté. Son père tenait cet hôtel, l'Hôtel de la Place ! J'y ai d'abord travaillé, puis lorsque le vieux est mort, il y a dix ans, on a modernisé, et voilà. « *L'Hôtel de la Place* », ce n'est pas très original ! Mais il faut dire que le vieux n'avait pas beaucoup d'imagination.

– Vous, vous n'en manquez pas, en tout cas. Et ils vous ont élu maire? Je croyais qu'on cultivait plutôt l'entre soi, ici, non ?

– J'ai été, comme on dirait aux courses, un outsider. Il y avait le parti du facteur et le parti du cafetier ; pas le patron de l'Escale, l'autre, celui du Petit bar. Comme aucun ne voulait accepter que ce soit l'un ou l'autre qui gagne, ils sont venus me chercher. Après, ils ont compris qu'il n'y avait que moi qui ferais quelque chose de ce village et ils m'ont gardé. Ça fait maintenant huit ans que je suis maire ! L'eau courante dans tout le village, c'est moi ! Le nouveau câble téléphonique avec le continent, c'est grâce à moi ! Les lampadaires, c'est encore moi !

– Ça, j'ai vu ! assura Donadey.

La grosse moustache du maire frémissait à chaque évocation de ses combats victorieux. Il n'élevait pas la voix, mais ponctuait chaque « *moi* » d'une petite tape du plat de la main sur le comptoir.

– Et je passe sur les latrines publiques et le nettoyage des plages !

– Dites-moi, interrompit le commissaire, il ne vient pas que des jeunes dans votre établissement ?

– Non, il y a des estivants, des clients de l'hôtel et d'autres hôtels aussi, des gens des yachts, mais ils viennent un peu plus tard. Il cligna de l'œil, boire un whisky, par exemple ! Que des gens qui se tiennent bien !

– Madame Rosely venait chez vous ?

– Oh, oui, assez souvent. Elle aimait bien s'amuser. Une très bonne danseuse ! Quel malheur quand même !

– Seule ?

– Ben non ! Vous ne pouviez pas l'imaginer seule, cette femme ! Toujours avec des amis.

– Quelqu'un en particulier ?

– Elle venait toujours accompagnée un peu des mêmes. Des gens qui se connaissent depuis des années, qui descendent à l'Arche ou qui prennent des locations. Des avocats, des médecins de Paris… Mais elle parlait avec tout le monde et dansait parfois avec des jeunes.

– Des jeunes de l'île aussi ?

Le maire quitta le comptoir pour prendre la commande de nouveaux arrivants. Il revint en se grattant la tête.

– De toutes manières, Monsieur le commissaire, vous l'apprendrez tôt ou tard. Il y a deux à trois semaines, le fils Escola était ici avec quelques copains. Il a invité madame Rosely à danser. Je ne sais pas si lui et ses copains avaient fait un pari, ou quoi. En tout cas, ils ont dansé un bon moment. J'ai bien vu que Tony lui plaisait, à madame Rosely. Il faut avouer qu'il est beau garçon, il danse superbement, il sait se tenir et, surtout, les femmes, il sait les faire rire ! Alors, après ça, il y a eu des rumeurs. Notez bien que je vous dis cela en tant que maire, en tant qu'élu soucieux de l'ordre public et soucieux de coopérer avec la justice. Sous la casquette de commerçant, je ne vous dit rien du tout, parce que cela ne me regarde pas et que j'ai horreur des on-dit !

Donadey admira la subtile casuistique du maire. « Et ce Tony, où est-ce qu'on peut le trouver ? »

– Il habite avec ses parents, rue du Phare, une maison basse peinte en jaune. *Rue du Phare*, hein ! Pas *route du phare*, ne confondez pas ! Son père est pêcheur. En réalité, il emmène surtout des touristes à la pêche ou en promenade pendant la saison et sa femme fait tourner la maison en travaillant toute l'année à droite et à gauche. Comme la moitié des gens de l'île. Tony, il a son bateau et il fait pareil que son père. L'hiver, il va travailler un peu sur la côte ou à la montagne. Enfin, pas grand-chose. C'est dommage, parce qu'il n'est pas bête.

V

Le sable était à peine tiède sous ses pieds. Il coulait agréablement entre ses orteils et lui massait doucement la voûte plantaire.

Donadey avait enlevé chaussures et chaussettes. « Je devrais m'acheter des espadrilles », pensa-t-il sans conviction. Il dépassa la rampe où un groupe de jeunes s'affairaient à mettre à l'eau un petit voilier, zigzagua entre les deux ou trois barques qui achevaient de pourrir sur le rivage et suivit la plage qui allait se rétrécissant vers l'hôtel Miramar.

Il était à peu près l'heure à laquelle le cadavre d'Isabelle Rosely avait fait surface. Un mistral indécis soufflait mollement. On ne savait pas encore comment il allait tourner. Pour l'heure, de faibles vaguelettes clapotaient autour des bateaux amarrés à la jetée, mais de ce côté-ci du port, bien abrité, la mer était aussi étale que la veille. Il avait laissé Renart à la mairie pour faire la liaison avec le service à Toulon et préparer les auditions. Il ne savait pas ce qu'il cherchait, ni même s'il cherchait quelque chose autour de ce ponton vermoulu. « Si ça se trouve, elle n'a peut-être même pas été tuée ici, pensa-t-il. Elle a pu être assassinée n'importe où dans ce port, y compris sur un bateau». Il s'arrêta et examina le yacht de Ponderose. La patronne de la pizzeria leur avait raconté, la veille, avec force détails, l'histoire fabuleuse du mariage de Lea Bellachiosa, et comment ensuite, il y avait eu, dit-on, une fête *mirifique* – c'était le terme employé par la patronne – donnée à bord par le milliardaire. « Le maire et le curé ont été invités. Et, paraît-il, quelques dames…», avait-elle ajouté en baissant la voix, avec, semble-il, une pointe de regret. Le yacht était impressionnant. Etant donné son gabarit, il ne s'était pas amarré à la jetée mais avait mouillé à l'entrée du port. Il observa une annexe, de la taille d'une belle vedette, s'en détacher et se diriger vers la jetée.

Le ponton était désert. Aucune barque n'y était amarrée. Un éclat de coquillage lui entailla le gros orteil qui se mit à saigner. Sans doute un restant des piades que les enfants avaient cassées la veille pour appâter leurs lignes. Il s'assit sur le caisson et laissa son regard errer sur les maisons du bord de l'eau, sur la mer, sur les pins, sur les collines là-bas dans le lointain. Il s'était débarrassé de son veston à la mairie et, la chemise ouverte, les manches retroussées, s'abandonnait aux rayons du soleil qui brûlerait tout à l'heure, mais qui, pour l'instant, baignait le paysage d'une lumière transparente et pure. Il ne réfléchissait même pas.

Il se leva et fit quelques pas vers le bout du ponton. L'eau y était plus profonde, mais on pouvait nettement distinguer des poissons argentés se faufilant entre les rares algues poussant sur le fond sablonneux. A quelques mètres du ponton, une forme blanchâtre dérivait lentement entre deux eaux, une bâche en plastique sans doute tombée d'un bateau. Il pensa à Isabelle Rosely qui avait dû errer ainsi toute une nuit jusqu'à ce qu'un gamin l'accroche à sa ligne, pauvre prise d'un dragueur innocent.

Ses réflexions furent troublées par les jurons d'un individu que son maillot de corps et son pantalon de toile bleue retroussé sur les mollets désignait de toute évidence comme un insulaire. Il vociférait tout seul en tirant un youyou sur le sable. « Ils me l'ont encore pris pour aller faire des conneries ! Je vais y mettre une chaîne ! »

Donadey s'approcha. On vous a pris votre barque ?

– Eh oui ! Et c'est pas la première fois ! Ce sont sûrement les jeunes, encore ! La nuit, ils empruntent des barques pour aller s'amuser, faire un tour, faire je sais pas quoi ! Ils trouvent toujours des avirons qui traînent ! Remarquez, ils les ramènent... mais, parfois, ils cassent des choses. Et puis, c'est dangereux, s'il y en a un qui se noie, on va être bien ! On va dire que c'est notre faute ! Donadey compatit et donna un coup de main au pêcheur qui n'était pas tout jeune.

Sur le chemin du retour, il croisa trois garçons qui le dévisagèrent à la dérobée. Julien conduisait les deux autres vers le ponton. Eux non plus ne cherchaient rien de particulier. L'endroit leur était pourtant familier, mais la découverte macabre avait, à leurs yeux, comme par un coup de baguette maléfique, transformé ce lieu banalement paisible en une intéressante scène de mystère et d'horreur.

– Vous avez vu, fit Jean-Pierre, c'était le commissaire de Toulon.

– Il veut m'interroger tout à l'heure, annonça Julien, partagé entre un sentiment d'importance, une pointe de curiosité et une appréhension qui lui pinçait l'estomac, quoiqu'il n'en voulût rien laisser paraître. C'est le maire qui est venu prévenir mon père.

– Oh ! Le maire soi-même ! s'exclama Justin. Tu vas être dans les journaux !

– C'est surtout lui qui veut être en première page ! Un meurtre ici, c'est pas tous les jours et c'est de la publicité gratuite !

– Ouais, de la publicité peut-être pour lui, corrigea Justin, mais si on commence à assassiner les touristes, je sais pas s'ils vont revenir tant que ça !

– Comment vous savez que c'est un meurtre ? s'étonna Jean-Pierre.

– On l'a appris par le fils du maire, l'informa Justin.

En revenant ils s'arrêtèrent pour jeter quelques cailloux dans la mare que formait la Garonne, nom pompeux du ruisselet qui venait là se perdre dans le sable et firent voler des nuages de sauterelles tapies dans les herbes. Ces gestes insignifiants qui les rattachaient à l'enfance encore proche les mirent en joie.

Donadey traversa le village pour rejoindre la mairie. Ce n'était pas encore la grande animation. Les femmes de chambre des hôtels avaient arrosé la rue devant les terrasses pour conserver un peu de la fraîcheur matinale, la marchande de fruits et légumes avait rabattu l'étal de son kiosque et disposait sa marchandise, et l'épicier rangeait dans la pièce qui lui servait de remise les cageots et les cartons qui lui avaient été livrés par le premier bateau. Le village s'éveillait.

Lorsqu'il pénétra dans la mairie, Francis Rosely s'y trouvait déjà. Lisa avait préparé du café et s'était discrètement retirée. Renart, installé derrière le bureau du maire, faisait semblant de consulter des papiers. Francis Rosely, assis sur une des chaises paillées, tenait une tasse à deux mains. On ne savait pas s'il s'y accrochait, s'il avait peur de la lâcher ou s'il s'y réchauffait. Sur ses genoux, une liseuse en cuir de qualité, assoupli et poli par un long usage, recouvrait un ouvrage épais. Il saisit le regard de Donadey.

– Balzac ! Monsieur le commissaire ! Je relis toujours Balzac en vacances. Et Flaubert aussi. Flaubert pour le style, Balzac pour la pertinence de ses portraits.

Donadey murmura quelques mots de condoléances et ignora ces considérations littéraires qui lui parurent tout de même incongrues.

Rosely n'avait pas quitté son panama. Une pochette dans les tons parme, assortie à un foulard de soie, égayait le blazer bleu marine soigneusement boutonné, d'où émergeaient des manchettes amidonnées, fermées par des boutons en nacre irisée bordés d'un filet d'or. Nulle trace de deuil. Donadey se sentit impressionné malgré lui par ce raffinement et cela le mit de mauvaise humeur. Le pli du pantalon qui cassait élégamment sur des chaussures de toile blanches immaculées l'agressait tout particulièrement. Il abandonna l'idée de passer son veston, ce qui l'aurait obligé à dérouler les manches de sa chemise et à se livrer à un exercice manquant de dignité, tandis que le sable resté entre ses orteils se répandait maintenant de manière déplaisante dans ses chaussettes mal tirées. Il renonça à remonter son pantalon qui tirebouchonnait et s'assit en coin sur le bureau.

– Monsieur Rosely, nous savons que dans la soirée du quinze votre épouse et vous-même avez dîné à l'Arche jusque vers neuf heures. Pouvez-vous nous raconter ce qui s'est passé après ?

– C'est bien simple. Nous sommes sortis de l'hôtel vers neuf heures et demie...

– Ensemble ?

– Oui, ensemble. Puis nous sommes allés voir le bal. Vous savez, c'est une des rares distractions ici. Nous y sommes restés un moment.

– Je suppose qu'on vous y a vus ? demanda Donadey pour la forme, se doutant bien qu'il était difficile de rater une silhouette comme celle-là.

– Nous avons été rejoints par quelques amis.

– Je peux avoir leur nom ? intervint Renart qui prenait des notes.

– Eh bien, monsieur de Marcilly, le professeur Rocambert, et monsieur Mertz. Les deux premiers sont également logés à l'Arche. Et puis sans doute d'autres personnes. Vous savez, dans ce village, on n'arrête pas de

Les deux policiers observaient l'homme avec attention. Il leur sembla que cette façade amidonnée se craquelait et laissait entrevoir quelque chose qui était peut-être douleur, colère ou lassitude.

Donadey laissa passer une minute, puis reprit.

– Vous êtes éditeur et un homme de presse engagé. Est-ce qu'il y a des gens qui pourraient vous en vouloir ?

– Rosely releva la tête et sourit. Vous voulez dire, y a-t-il des gens qui me haïssent ? Plusieurs en effet. Mais ils s'en seraient pris à moi, vous ne croyez pas ? Son sourire disparut. Vous ne pensez tout de même pas qu'on a assassiné Isabelle à cause de moi ? Ce serait trop injuste ! Ce serait absurde ! Il fixait tout à tour le commissaire et l'inspecteur d'un air égaré.

– Je ne sais pas, répondit Donadey. Je ne crois rien. Pour le moment nous explorons toutes les pistes. Je sais que cela peut être pénible pour vous, mais je vous prierais de ne pas quitter l'île pendant les prochains jours, comme je vais d'ailleurs le demander à d'autres personnes.

Rosely se leva, salua courtoisement les deux policiers et sortit, la liseuse sous le bras.

Renart relisait ses notes. « Qu'est-ce que vous en pensez, patron ? »

Donadey, les sourcils froncés, parut ne pas l'entendre. « Merde ! fit-il, j'ai oublié de lui poser une question ! » Il sortit en trombe et courut après Rosely qui n'avait fait que quelques mètres et qui se retourna surpris.

– Excusez-moi, Monsieur Rosely, une dernière question : étiez-vous invité à la réception sur le yacht de Ponderose ?

se croiser et de se recroiser. A la fin on ne sait plus exactement à quel moment, ni où, on a rencontré les gens.

Donadey admit en lui-même qu'il y avait du vrai dans ce que disait l'élégant veuf et que cela pouvait même être bien commode.

– Et ensuite ?

– Ensuite, j'ai laissé mon épouse au bal et je suis allé faire un tour sur la jetée, comme presque tous les soirs. Puis je suis rentré à l'hôtel, j'ai lu quelques pages et me suis couché. Voilà tout.

– Vous ne vous êtes pas inquiété de ne pas voir rentrer madame Rosely ?

– Nous avons chacun notre chambre. Mais qui communiquent, se crut-il obligé de préciser.

Donadey ignora l'usage du présent et reprit : « Il était quelle heure lorsque vous êtes rentré à l'Arche ? »

– Environ dix heures et demie, pas beaucoup plus tard en tout cas.

– Votre épouse était toujours au bal ?

– Je ne sais pas. Je n'ai pas fait attention.

– Pourtant, la piste est à vingt mètres de l'hôtel ! observa Renart.

– Il y avait beaucoup de monde autour de la piste lorsque je suis passé. Vous savez, ma femme est, pardon était plus jeune que moi, c'était un caractère gai, elle aimait s'amuser, danser. C'était une joie de la voir heureuse. Moi je vis davantage dans les livres, mais nous avions autre chose. Oui, nous avions autre chose... Son regard se perdit, il ôta ses lunettes et les essuya avec pochette.

se croiser et de se recroiser. A la fin on ne sait plus exactement à quel moment, ni où, on a rencontré les gens.

Donadey admit en lui-même qu'il y avait du vrai dans ce que disait l'élégant veuf et que cela pouvait même être bien commode.

– Et ensuite ?

– Ensuite, j'ai laissé mon épouse au bal et je suis allé faire un tour sur la jetée, comme presque tous les soirs. Puis je suis rentré à l'hôtel, j'ai lu quelques pages et me suis couché. Voilà tout.

– Vous ne vous êtes pas inquiété de ne pas voir rentrer madame Rosely ?

– Nous avons chacun notre chambre. Mais qui communiquent, se crut-il obligé de préciser.

Donadey ignora l'usage du présent et reprit : « Il était quelle heure lorsque vous êtes rentré à l'Arche ? »

– Environ dix heures et demie, pas beaucoup plus tard en tout cas.

– Votre épouse était toujours au bal ?

– Je ne sais pas. Je n'ai pas fait attention.

– Pourtant, la piste est à vingt mètres de l'hôtel ! observa Renart.

– Il y avait beaucoup de monde autour de la piste lorsque je suis passé. Vous savez, ma femme est, pardon, était plus jeune que moi, c'était un caractère gai, elle aimait s'amuser, danser. C'était une joie de la voir heureuse. Moi je vis davantage dans les livres, mais nous avions autre chose. Oui, nous avions autre chose... Son regard se perdit, il ôta ses lunettes et les essuya avec sa pochette.

Les deux policiers observaient l'homme avec attention. Il leur sembla que cette façade amidonnée se craquelait et laissait entrevoir quelque chose qui était peut-être douleur, colère ou lassitude.

Donadey laissa passer une minute, puis reprit.

– Vous êtes éditeur et un homme de presse engagé. Est-ce qu'il y a des gens qui pourraient vous en vouloir ?

– Rosely releva la tête et sourit. Vous voulez dire, y a-t-il des gens qui me haïssent ? Plusieurs en effet. Mais ils s'en seraient pris à moi, vous ne croyez pas ? Son sourire disparut. Vous ne pensez tout de même pas qu'on a assassiné Isabelle à cause de moi ? Ce serait trop injuste ! Ce serait absurde ! Il fixait tout à tour le commissaire et l'inspecteur d'un air égaré.

– Je ne sais pas, répondit Donadey. Je ne crois rien. Pour le moment nous explorons toutes les pistes. Je sais que cela peut être pénible pour vous, mais je vous prierais de ne pas quitter l'île pendant les prochains jours, comme je vais d'ailleurs le demander à d'autres personnes.

Rosely se leva, salua courtoisement les deux policiers et sortit, la liseuse sous le bras.

Renart relisait ses notes. « Qu'est-ce que vous en pensez, patron ? »

Donadey, les sourcils froncés, parut ne pas l'entendre. « Merde ! fit-il, j'ai oublié de lui poser une question ! » Il sortit en trombe et courut après Rosely qui n'avait fait que quelques mètres et qui se retourna surpris.

– Excusez-moi, Monsieur Rosely, une dernière question : étiez-vous invité à la réception sur le yacht de Ponderose ?

– Le sourire était revenu sur les lèvres de l'éditeur. « Oui, en effet, nous étions invités, je connais un peu Ponderose, mais je me suis excusé. En vacances, j'ai pour principe de ne pas accepter de mondanités. »

– Et votre épouse ?

– Rosely eut une moue dubitative. « Je ne pense pas. Mais, à vrai dire, je ne sais pas. »

De retour dans le bureau, Donadey retira ses chaussures et ses chaussettes et en vida le sable par la fenêtre. Tout en époussetant ses pieds nus en équilibre sur une jambe, il revint à la question de Renart.

– C'est flou. Il n'a pas d'alibi, mais cela n'a rien d'extraordinaire. Il n'a pas l'air effondré, mais en même temps il avait la larme à l'œil. Veuf sincère ou comédien, on n'a pas affaire à un personnage banal, Renart, il va falloir creuser un peu davantage autour et, moi, je vais rappeler son demi beau-frère, ou beau demi-frère. Il devrait bien pouvoir nous en apprendre un peu plus sur le couple.

L'inspecteur rangeait ses notes. « Hier soir, vous êtes allé en boîte sans moi, patron. Ce n'est pas bien ! »

Donadey sourit. « Je voulais avoir un petit entretien en tête-à-tête avec notre maire, pas débarquer en force comme une brigade volante ! Ne vous inquiétez pas, je vous promets qu'on retournera dans ce lieu de perdition ! A propos, vous n'avez toujours pas déniché Tony, le Don Juan local ? Il avait précédemment raconté à Renart l'essentiel de sa conversation de la veille avec le maire et souhaitait entendre le jeune homme.

– Ses parents m'ont dit qu'il était parti tôt, le matin du seize, emmener des clients au Lavandou, et de là, je ne sais où.

– Il faudra avoir une petite conversation avec celui-là, dès son retour. S'il tarde, on le fera rechercher.

Il se versa une tasse de café froid. « Ce matin, sur la plage, j'ai croisé trois gamins, des grands gamins, qui m'ont drôlement reluqué. Ces jeunes, ça passe son temps à se balader sans but à droite et à gauche. Je suis sûr qu'ils savent plein de choses qu'eux-mêmes ignorent. Je vais interroger ce petit Julien qui était avec les mioches qui ont remonté le cadavre, mais pas ici. Vous savez où il crèche ? »

Renart secoua la tête d'un air de reproche. « Evidemment que je le sais ! Moi, au lieu d'aller en boîte, j'ai passé la soirée à préparer les auditions de ce matin, à établir une liste, avec des noms, des adresses, à faire des recherches, à téléphoner... ! Il habite avec ses parents dans une location, rue de la Douane, Vous ne pouvez pas vous tromper, c'est la maison juste derrière le Grand Hôtel. »

– Merci Renart, vous êtes précieux ! Et je suis tout à fait sérieux ! ajouta-t-il en voyant la mine de son adjoint.

***

La maison de la rue de la Douane ne présentait aucun caractère particulier. Comme beaucoup de maisons du village, elle avait été construite par rajouts successifs et s'il y avait eu un plan au départ, celui-ci était maintenant noyé dans les fantaisies, ou les besoins, des propriétaires successifs qui avaient décidé de s'agrandir, ici d'un balcon, là d'une avancée sur pilotis, ou encore en vitrant une terrasse afin d'en faire un salon d'hiver.

Une étroite ruelle la séparait du Grand Hôtel, bâtisse carrée dépourvue de tout style, dont la masse imposante bouchait la vue sur le port.

Donadey s'arrêta devant la porte d'entrée entrouverte qui était le seul élément de la maison à avoir conservé un certain caractère. Il passa la main sur le bois et admira la menuiserie. Epaisse d'au moins quatre centimètres, arrondie en plein cintre, la porte paraissait avoir été taillée pour un autre usage. Elle ressemblait plus à une poterne de château fort qu'à l'huis d'une modeste maison de village. Il se saisit du heurtoir de cuivre et frappa. Des volets s'entrouvrirent au-dessus de lui et une galopade retentit dans l'escalier. Un gamin d'une dizaine d'années passa la tête.

– Je suis le commissaire Donadey, Julien est là ?

Le garçon considéra le visiteur un instant par l'entrebâillement, puis remonta à l'étage au galop. Un instant plus tard la porte s'ouvrit en grand sur un jeune homme de seize ou dix-sept ans, de taille moyenne, vêtu d'un jean et d'un T-shirt blanc, qui paraissait plutôt ennuyé qu'autre chose.

Donadey se présenta à nouveau. « On peut aller se promener un peu et bavarder ? »

A la surprise de Julien, ils ne redescendirent pas vers le port ni vers le village, mais remontèrent la rue en direction du camp de la Marine. Ils marchèrent ainsi jusque vers les dernières maisons en silence, puis le commissaire les engagea dans une ruelle sur la droite en direction de l'église.

– J'aime bien venir par ici, remarqua Donadey, c'est tranquille.

Ils marchaient maintenant dans une partie du village où les touristes ne venaient guère, à moins d'y avoir pris une location, et encore, car elles y étaient rares. Certaines des petites maisons basses avaient de minuscules jardinets. Par-dessus les murs d'enclos, les jasmins et les bougainvilliers retombaient en cascade pour le plaisir de tous les sens. Au détour d'une ruelle, Donadey et Julien faillirent se heurter à Lisa qui sortait précipitamment d'un de ces petits jardins, un paquet sous le bras. Le commissaire arrêta la jeune fille afin de la remercier pour le café et la mise à disposition de la mairie. Lisa s'assura que tout était comme il le souhaitait et s'esquiva avec un sourire, disant qu'elle craignait d'être en retard.

– C'est une belle fille ! observa Donadey qui avait remarqué avec amusement la gêne de Julien qui resta silencieux. Elle porte toujours du rouge ? Hier déjà et aujourd'hui encore. Mais c'était des robes différentes...

La remarque fit sortir Julien de son mutisme. « C'est vrai, elle porte souvent des robes ou des jupes rouges. Elle est comme ça. Elle est d'ici, mais elle est intelligente, vous savez ! »

Donadey rit. « Tu veux dire que les autres sont tous des bœufs ? »

Julien rosit. « Je voulais dire, elle sait faire plein de choses. Si elle n'était pas secrétaire de la mairie, c'est pas sûr que le maire s'en tirerait tout seul pour faire tous ces changements dans le village. En tout cas, c'est ce qu'on dit. L'été, elle travaille aussi comme serveuse, ou au bar, mais ça, c'est pour gagner un peu d'argent, parce que la mairie…».

- En tout cas, tu la défends bien. Si toutefois elle a besoin qu'on la défende, ce qui n'est pas sûr. Tu es certain qu'elle est de l'île ?

– Je pense. C'est à dire, je ne crois pas qu'elle soit née ici. J'ai entendu dire qu'elle a été adoptée ou quelque chose comme ça.

Ils avaient fait le tour de l'église et rebroussaient chemin en longeant le haut de la place, plutôt désertée à cette heure. Ils dépassèrent l'entrée du camp de la Marine où un factionnaire montait la garde devant une guérite tricolore et prirent la route des plages de la Courtade. A partir de là, la route n'était plus asphaltée et s'élevait jusqu'au sommet d'une modeste colline qui dominait le village en dessinant un large virage avant de redescendre. Cet endroit, où des générations de photographes amateurs avaient fixé sur la pellicule un panorama identique, avait été pourvu par le maire, toujours lui, d'un banc où le commissaire et Julien s'assirent.

– C'est beau, n'est-ce pas ? fit Donadey avec un geste large de la main.

Julien acquiesça, se demandant où le commissaire voulait en venir. Sous leurs yeux s'étalaient les maisons du village, le port avec ses bateaux petits et grands, les collines recouvertes de pins et de chênes verts, et la mer scintillante. Vue de là, la presqu'île de Pointe-Prime semblait presque rejoindre la jetée pour fermer le port.

Une navette ralentissait à l'entrée du port, une autre doublait déjà la presqu'île et s'apprêtait à pénétrer dans la passe. Leurs sillages miroitaient, allant s'élargissant jusqu'à se rejoindre, et les moindres détails du paysage se détachaient dans la lumière du matin comme à portée de main.

– C'était ton petit neveu qui m'a ouvert la porte ? Il va bien?

– Ça va, il a fait quelques cauchemars, mais ça ira.

– A part l'autre matin au ponton, tu l'as vue quand pour la dernière fois, madame Rosely ?

– Au bal, vers dix heures, à peu près. En fait, non, un peu plus tard, vers une heure. C'était un peu avant l'orage, il commençait à pleuvoir, on l'a vue de loin qui marchait sur la route de la plage d'Argent.

– Qu'est-ce que vous faisiez à cette heure dehors ?

– Avec des copains, on revenait de la vieille grange sur la route du phare. On se retrouve là-bas. Jean-Pierre a la clé et il a un tourne-disque à piles. On écoute de la musique, on danse un peu, enfin, vous voyez... c'est plus drôle que le bal sur la place...

– Ouais, je m'en doute, et tu es certain que c'était elle ?

– Elle portait son ciré vert clair, il n'y a qu'elle qui en avait un pareil sur l'île. Ça nous a étonnés de la voir là, mais comme il s'est mis à pleuvoir plus fort, nous ne nous sommes pas attardés.

– Elle s'éloignait du village, ou bien elle y revenait ?

– Elle s'éloignait.

– Tony Escola, tu le connais ?

Julien ne fut pas dupe du raccourci. « Un peu. Plusieurs fois il nous a emmenés en balade en bateau avec les copains, lorsqu'il n'avait pas de clients. » Donadey trouvait que la déclaration de Julien manquait un peu de chaleur.

– Il paraît qu'il a beaucoup de succès auprès des filles, et pas seulement auprès des jeunes filles. Il y a des choses à dire là-dessus ?

– Il plaît bien, c'est vrai. Robert, un copain, prétend qu'il avait quelque chose avec madame Rosely, finit par lâcher Julien, mais vous savez, on raconte n'importe quoi ici. Ce qui est vrai, c'est qu'il a plusieurs copines, des filles de l'île ou des estivantes, et alors, ça finit par créer des problèmes.

– De quel genre ?

– Ben, vous pouvez imaginer. Des jalousies, des disputes. Et puis, parfois, ça fait de la peine…

– Tu penses à quelqu'un de particulier ?

Julien se mordit la lèvre et resta silencieux.

Entretemps, le village et le port s'étaient animés. De leur banc ils pouvaient très nettement distinguer les promeneurs sur la jetée, les visiteurs débarquant des navettes, ainsi que tous les habitués du port, badauds, plaisanciers et pêcheurs.

Parmi eux, une jeune fille en robe rouge remontait vers le village sans se presser.

VI

Ils redescendirent vers le village. Julien regagna sa maison, le commissaire poursuivit son chemin. En passant devant le port, il observa les forains en train de charger leurs stands démontés sur une péniche de la Marine. Donadey sourit en pensant aux gendarmes qui s'étaient faits discrets.

A la mairie Renart l'attendait derrière le bureau dont il semblait avoir fermement pris possession. Devant lui, une corbeille débordait de viennoiseries. « Le maire nous gâte ! Café, croissants, pains au chocolat ! A quand le prochain meurtre ? On reviendra ! Au fait, comment était la promenade ? »

Donadey attrapa un croissant et se versa une tasse de café. « Instructive. Mais pas conclusive. »

– Je n'ai pas perdu mon temps, moi non plus, mais je ne peux pas dire que nous sommes beaucoup avancés, déclara Renart en piochant dans la corbeille. J'ai appelé Toulon, nous aurons les résultats de l'autopsie en fin de matinée ou début d'après-midi. Je suis allé faire un tour à l'Arche, j'ai interrogé quelques employées, j'ai examiné les lieux. Pas grand-chose, sinon que l'on y entre et que l'on en sort comme dans un moulin. La porte principale n'est pas bouclée la nuit et tout le monde sait où se trouve la clé de la porte de service qui donne sur la plage. Je précise que, pour des raisons de sécurité incendie, cette porte s'ouvre de l'intérieur sans clé. Donc, par exemple, si toutefois ces jeunes ont bien vu Isabelle Rosely vers une heure du matin déambuler sur la route en imperméable vert, elle aurait bien pu entrer dans sa chambre venir chercher son ciré et en ressortir sans être vue.

— Possible, en effet. Donadey réprima un bâillement. Reste à savoir ce qu'elle serait allée faire sur la route de la plage d'Argent à cette heure, sous la pluie.

— Vous connaissez les lieux mieux que moi, patron, pas loin sur la route il y a le Miramar, mais aussi plusieurs maisons qui donnent, et sur la route, et sur la mer. Elle se rendait peut-être chez quelqu'un qui habite par là.

Donadey se redressa. « Pas bête, ça, Renart ! Je ne crois pas trop au Miramar, je connais les lieux comme vous dites ; difficile de s'y glisser inaperçu. Mais établissez la liste des occupants de ces maisons. Il n'y en a pas plus de trois ou quatre. L'inspecteur soupira. « On y va, patron, on y va ! »

***

Installé devant un verre de bière dont les parois transpiraient plaisamment, Donadey attendait son adjoint à la terrasse de la pizzeria. Renart arriva soufflant. Donadey remarqua que ses chaussures étaient couvertes d'une fine couche de poussière.

– Tenez Renart, je vous ai acheté des espadrilles. Vous chaussez bien du 43 ? Il tendit à son adjoint déconcerté une paire d'espadrilles bleues à semelle de corde. J'ai les mêmes. Il allongea la jambe pour preuve. Portez-les, sinon vous allez finir par ruiner vos belles Richelieu.

L'inspecteur était en effet très soigneux de ses chaussures dont il possédait plusieurs paires toujours parfaitement entretenues.

– Euh… Merci patron, fit Renart, examinant le cadeau d'un air dubitatif. Ce n'est pas trop mon style, mais vous avez raison…

Il posa les espadrilles sur la chaise voisine et fit signe à la patronne de lui apporter la même chose.

– Donc, commença-t-il, j'ai fait la tournée des maisons sur la route au-delà du Miramar. Intéressant ! Sur les quatre qui se suivent, trois sont occupées par des familles assez nombreuses. Vous voyez le genre : des parents en shorts, des enfants qui courent partout, des maillots qui sèchent, des bouées, des seaux et des pelles, ça ne respire pas le mystère. Mais la quatrième, la plus grande, est louée par Paul Mertz, le Mertz des champagnes Mertz ! Célibataire, milieu de la quarantaine, vivant seul, à part une cuisinière et une sorte de valet de chambre qui logent dans une annexe. Mertz fait partie de la bande des amis des Rosely, comme Francis Rosely nous l'a indiqué lui-même.

— Le valet ?

— Je l'ai aperçu. Le style vieux majordome anglais amorti. Sûrement pas le genre de la fringante Isabelle.

— De toutes manières, j'avais prévu d'interroger la bande des amis cet après-midi. On va bien voir s'ils ont des choses intéressantes à raconter. Toujours pas de nouvelles de Tony ?

— Toujours pas.

— S'il n'est pas rentré demain matin à huit heures, vous lancez un avis de recherche.

Les plats arrivèrent. Spaghettis bolognaise pour le commissaire et risotto de poisson pour l'inspecteur.

— On est bien ici, observa Renart, après avoir salué la première bouchée d'une moue appréciative, mais il serait peut-être judicieux de dîner à l'hôtel ce soir, si nous voulons rester dans les bonnes grâces du maire. Et puis, dans les petits endroits comme ici, ça se fait de ne pas privilégier une seule adresse !

— Vous êtes un fin diplomate et de bon conseil, Renart ! Je ne regrette pas de vous avoir arraché à votre bureau. Ce soir, nous irons goûter à la soupe du maire et, promis, je vous emmène en boîte.

L'inspecteur qui était assis face à la place, s'étonna : « tiens, il y a encore une baraque de forain ? Je croyais qu'ils étaient tous partis »

Donadey se retourna. « C'est le stand de tir. La péniche n'a pas fini de charger les autres, elle ne part que demain. »

De retour à la mairie, ils trouvèrent le brigadier qui les attendait. Soit les effets de la marche au soleil, soit ceux d'un repas bien arrosé chez les collègues de la Marine, la figure congestionnée du militaire tranchait sur le bleu de l'uniforme par un pittoresque contraste.

– Nous avons reçu le rapport du légiste, annonça-t-il.

Il commença à le lire à haute voix, ponctuant les passages significatifs de regards appuyés en direction des deux policiers.

– Comme nous le pensions, résuma-t-il d'un ton triomphant quand il eut terminé, la victime n'est pas morte de sa blessure par balle. L'impact a dû seulement lui faire perdre connaissance, elle est ensuite tombée, ou a été jetée à l'eau, et elle est morte noyée, comme l'indique l'eau de mer trouvée dans ses poumons. L'élément curieux dans cette affaire, ajouta-t-il avec emphase, c'est le projectile : une munition en plomb, conique, de calibre 6mm, communément appelé bosquette, du nom de son inventeur…

– Et communément utilisé dans les baraques de tir forains, coupa Donadey. Renart, vous me trouvez le type qui tient le stand qui est encore sur la place, vous me le ramenez. Ni lui, ni sa baraque ne quittent l'île !

L'inspecteur relisait le rapport que le gendarme avait laissé sur le bureau. Il le reposa et fit observer en sortant : « le légiste a établi l'heure du décès entre minuit et deux heures du matin. Ça laisse place à toutes les hypothèses. »

***

– Gérard Raymond. Lequel est le nom de famille ?

— Gérard ! Je suis monsieur Gérard, mon petit nom, c'est Raymond.

— Eh bien, Monsieur Gérard, nous allons un peu causer.

Le personnage que Renart était allé tirer de sa sieste pouvait avoir dans les quarante ans. Grand et maigre, il se tenait légèrement voûté sur sa chaise, les mains à plat sur ses cuisses, et ne semblait pas comprendre pourquoi il était là. Une mèche de cheveux noirs lui tombait sur l'œil et il rejetait régulièrement la tête en arrière d'un geste saccadé pour la remettre en place. Donadey trouva qu'il ressemblait à un héron fourbe.

— Monsieur Gérard, vous êtes le propriétaire du stand ?

— Oui, Monsieur le commissaire, et je suis en règle. Je peux vous montrer ma licence.

— On vérifiera. Vous savez pourquoi vous êtes ici ?

Gérard Raymond affecta un air de profonde ignorance.

— Un meurtre a été commis. Vous êtes quand même au courant qu'un corps a été repêché au ponton du Miramar, n'est-ce pas ? Tout le village en parle. Eh bien, avant de se retrouver dans l'eau, la victime a reçu dans la tête un projectile que vous connaissez bien. Une bosquette. C'est bien le type de cartouche que tirent vos armes, n'est-ce pas ?

Gérard Raymond perdit de son assurance. « Je vous jure que j'ignore tout … »

— Où étiez-vous dans la nuit du quinze au seize août, entre dix heures trente et deux heures du matin ? coupa Donadey.

– On a fermé le stand à dix heures. Le temps de ranger, on a fini vers dix heures et demie. J'ai fait un tour au bal, puis je suis allé boire un coup au Petit bar ; après, je suis allé me coucher.

– Il était quelle heure ?

– Onze heures, à peu près. Le feu d'artifice commençait.

– Vous logez où ?

– Aux Palmiers, c'est ce qu'il y a de moins cher ici. On est en demi-pension.

– On ? Vous voulez dire avec un collègue ?

– C'est pas mon collègue, c'est mon employé, précisa Gérard avec dignité.

– Dites, les Palmiers, ce n'est pas loin du ponton du Miramar. Ça prend combien ? Cinq, six minutes de marche ?

– Je ne sais même pas où il est, ce ponton, commissaire ! On vient chaque année pour le 15 août, mais c'est pas pour se promener ! On travaille, et puis on s'en va ailleurs. Et là, en nous retenant sur l'île, vous allez nous faire rater la fête de Ramatuelle.

– A propos, le stand de tir, ça rapporte ?

– C'est pas le Pérou, mais on vit.

– Surtout qu'il y a des à-côtés, n'est-ce pas Monsieur Gérard Raymond ? intervint Renart. Ne nous prends pas pour des niais ! Tu n'écoules pas un peu de contrebande dans ton circuit ? Quelques caisses de whisky par-ci, quelques cartons de cigarettes par-là ? Tu crois que de Toulon on vous a pas à l'œil, les forains dans ton genre ?

– Oh, Monsieur l'inspecteur ! protesta Gérard, la main sur le cœur.

– Tu nous prends vraiment pour des crétins ! C'est pas la bonne manière, je te préviens ! Figure-toi que j'ai fait un peu le tour de la jeunesse de l'île. Ça fume des Lucky qui ne sortent sûrement pas des entrepôts de la SEITA !

– Mais, Monsieur le commissaire, Monsieur l'inspecteur, c'est comme ça sur toute la côte !

– Justement ! Et comme par hasard, toi et tes pétoires, on vous voit tourner toute l'année sur la côte !

Raymond avait troqué le registre indigné pour un ton pleurnichard. Sa mèche pendait lamentablement.

– Il faut bien que tout le monde vive !

– Ecoute, reprit Donadey, les clopes, l'alcool, on en reparlera plus tard. Ou pas. C'est selon. Revenons au crime. Tu dis être allé te coucher vers onze heures. Tu n'es pas resté voir le feu d'artifice ?

– Vous savez, je fais toutes les fêtes des villages de la région. Des feux d'artifices, j'en vois toute l'année, alors… ! Il ponctua sa déclaration d'un geste expressif.

– Tu es rentré à la pension et tu t'es couché, c'est ça ? Quelqu'un peut le confirmer ?

– J'ai dormi tout seul, qu'est-ce que vous croyez ? Au stand, on peut toujours baratiner les gonzesses toute la soirée, mais pour emballer, c'est autre chose !

– Comment tu expliques qu'une de tes bosquettes se retrouve dans la tête d'une estivante ?

– Mais je n'y comprends rien, moi ! D'abord, pourquoi vous dites que cette cartouche vient de chez moi ?

– Tu vas pas recommencer à nous prendre pour des brêles ! s'énerva Renart. Ce n'est pas un calibre très courant, sauf, justement, chez les forains. Toutes les baraques de tir utilisent ce calibre.

Gérard leva le doigt, « pas seulement les baraques de tir ! Il y a aussi les amateurs, ceux qui font du tir de salon, et même des chasseurs. »

– Les gens d'ici, quand ils vont à la chasse, c'est pas pour faire du tir sportif ! Ils prennent du calibre douze et des petits plombs, rétorqua Renart.

Donadey lui glissa à l'oreille : « il n'a pas complètement tort. Il faudra quand même vérifier s'il n'y a pas un amateur de cartons sur l'île. »

– En attendant, on va demander une expertise balistique de toutes tes pétoires. Tu rassembles ton matériel, tu nous produis tes registres, et tu ne quittes pas l'île !

Gérard quitta la mairie en maugréant. Il croisa son employé appuyé sur la barrière du jardinet, attendant son tour. Donadey l'avait envoyé chercher à l'Escale où il buvait un pastis en compagnie d'insulaires.

– Nom, prénom, profession ?
– Sylvestre Sylvain, forain.

Renart soupira. « Lequel est le nom de famille ? »

– Sylvain. L'employé paraissait avoir l'habitude de cette question et s'en amuser. Depuis qu'il était entré, un parfum d'anis tenace flottait dans la pièce. Agé d'environ trente ans, nettement plus petit que son patron, il était également plus trapu, portait ses cheveux blonds mi-longs peignés en arrière et affichait une assurance goguenarde. Le dos calé sur le dossier de la chaise, les jambes écartées, il bombait le torse, laissant entrevoir par la large échancrure de sa chemise quelques touffes de poils, tandis que la coupe exagérément ajustée de son pantalon de toile blanc semblait lancer au monde un défi de virilité.

Renart interrogea Sylvain sur son emploi du temps de la soirée. Il n'en ressortit pas grand-chose. Il avait aidé son patron à ranger le stand, puis avait, lui aussi, fait un tour au bal, mais séparément. Ensuite, il était allé boire quelques pastis à l'Escale ; au moins dix personnes pourraient en témoigner. Après cela, il était allé se coucher.

– Décidément, vous menez des vies bien rangées ! ironisa Renart.

– Qu'est-ce que vous voulez faire d'autre dans un bled pareil ! cracha Sylvain avec mépris. A moins de tomber sur une rombière en chaleur !

– A quelle heure ? coupa Donadey.

– Vers onze heures et demie. Après le feu d'artifice.

– Personne ne vous a vu rentrer à la pension ?

– Ah, mais si ! La patronne, mademoiselle Malleure. Elle rentrait justement de voir le feu d'artifice !

– Le corps que l'on a repêché avant-hier avait reçu une bosquette dans la tête, poursuivit Donadey. Vous n'avez pas une idée pour expliquer comment elle est arrivée là ?

Sylvain rectifia quelque peu sa position sur son siège et prit une mine théâtrale de profonde ignorance. « Non, alors, là, non vraiment, je ne vois pas ! »

– Vous connaissiez madame Rosely ?

– C'est la victime, c'est ça ?

– Je n'ai pas dit que c'était elle, la victime, mais c'est bien elle. Une femme d'environ trente-cinq ans. Blonde. Elle était certainement au bal lorsque vous y étiez. En pantalon corsaire turquoise.

– Ah ! Ça y est ! Je vois ! Avec des sandales dorées à talons pointus ! On ne pouvait pas la rater ! Un joli petit lot ! Alors, encore une de perdue ! Malheur !

Le commissaire considéra le forain pensivement et laissa passer un silence. « Vous pouvez partir Monsieur Sylvain, mais, comme votre patron, vous ne quittez pas l'île. Et nous reprendrons cette conversation. »

Sylvain sorti, Donadey ouvrit les persiennes en grand. « L'alcool et les armes, ça ne fait pas bon ménage ! Qu'est-ce que vous en pensez ? »

– Aussi faux derches l'un que l'autre ! J'ai reçu les renseignements que j'avais demandés avant d'aller les chercher. Il parcourut quelques feuilles étalées devant lui. Gérard : pas grand-chose au casier, mais souvent à la limite de l'infraction. Effectivement soupçonné d'écouler de la contrebande, et également de recel. Mais rien de prouvé jusqu'ici. Sylvain : lui, c'est le type même du mauvais sujet ! Engagé dans la marine à vingt ans, sorti matelot comme il y était entré. Petits boulots à droite et à gauche, trois fois condamné pour ivresse sur la voie publique, coups et blessures, et également pour entôlage. Impliqué dans un cambriolage avec une bande de voyous du même acabit, mais a pu produire un alibi, probablement bidon. Depuis deux ans, forain, et semble se tenir à carreau.

– Vous le voyez commettre un crime ?

L'inspecteur fit la moue. « Pour un bon paquet de fric, pourquoi pas ? C'est un envieux frustré avec un gros ego. A mon avis, il s'est mis au vert en forain, mais il guette une occase. A moins que lui et son patron ne soient déjà sur une combine… »

— Dites-donc, Renart, je ne savais pas que vous donniez dans la psychologie !

— On peut être inspecteur et savoir lire…

Donadey s'approcha de la fenêtre. L'après-midi était maintenant bien avancé. Des touristes de passage compulsaient le tourniquet à cartes postales que la patronne du magasin de souvenirs venait de sortir sur le trottoir. A la différence des gens du cru qui jetaient en passant des regards obliques en direction du commissaire, ceux-là ne prêtaient pas attention à la silhouette découpée dans l'encadrement de la fenêtre de cette mairie miniature qu'ils s'accordaient bruyamment à trouver si pittoresque. Donadey croisa les persiennes. « Je vais faire un saut à l'hôtel, j'appellerai le demi beau-frère de là-bas. Si je ne reviens pas tout de suite, n'oubliez pas que nous allons faire une petite visite sur le yacht de Ponderose à six heures. Je lui ai fait passer un message, on viendra nous chercher à la jetée. »

VII

Le commissaire traversa la terrasse ombragée de l'hôtel et s'arrêta sur le seuil pour allumer une cigarette. Il hésitait à retourner à la mairie. La conversation avec le directeur de cabinet avait été décevante. Selon le demi beau-frère, le couple était sans histoire. Rosely laissait une grande liberté à sa femme, ce que le défenseur de l'ordre public considérait comme une fine politique, vu la grande différence d'âge entre les époux, mais il ne lui était pas revenu que cela ait causé quelque problème sérieux entre eux. En somme, tout allait bien, tout était lisse, c'est tout juste si Isabelle Rosely n'était pas morte accidentellement. Donadey en retirait la désagréable impression qu'on ne lui disait pas tout. Connaissant le caractère retors du personnage qui n'était pas arrivé dans ses hautes fonctions par hasard, Donadey se demandait de quel ordre pouvait bien être ce qu'il lui dissimulait.

Il jeta un regard circulaire sur la place que les joueurs de boules investissaient peu à peu par petits groupes disparates : des touristes maladroits, malgré leurs boules de marque étincelantes, des gamins redoutables, en dépit de leurs minables boules de laiton, des pêcheurs aux boules culottées, assurés de gagner sans peine l'apéritif de la journée. Il sourit en se remémorant combien il avait rêvé d'une paire de JB en acier finement rainurées ! Son père les lui avait promises indéfiniment sans jamais les acheter et sa mère, il le savait, n'en avait pas eu les moyens. Comme chaque jour à cette heure, les visiteurs de passage s'en retournant des plages se hâtaient vers le port, les touristes résidents flânaient ou s'installaient aux terrasses et les vieux sortaient de chez eux respirer la vie.

Il repéra deux commères installées sur un banc sous les eucalyptus et s'en approcha. Il les salua et se présenta.

Celle qui avait l'air d'être la plus vaillante fixa sur lui un œil encore perçant :

– Je sais bien que vous êtes le commissaire ! On ne parle que de vous dans le village !

Donadey s'excusa d'être aussi envahissant et engagea une conversation sur le temps qui dériva sur les rhumatismes et le malheur de vieillir.

Soudain la vieille femme s'interrompit, regarda Donadey par-dessus ses lunettes et s'exclama : « mais je vous connais, vous ! Vous êtes le petit à Marcel. Marcel comment déjà ? elle se tourna vers sa compagne, Bonnadieu ? Non, c'est pas ça. Tu te souviens de

Marcel ! Un beau brun à petite moustache. Il était quoi ? capitaine ? »

– Officier mécanicien, rectifia Donadey.

– Oui, enfin, il avait des galons, là ! Elle tapota le bas de sa manche de deux doigts noueux. Il venait souvent à Porquerolles. Et vous, il vous a amené plusieurs fois avec lui ! Hé, ça date pas d'hier…!

Antoine Donadey se souvenait des virées avec son père, qui ne s'appelait d'ailleurs pas Marcel, mais Jean. A une époque, il venait presque chaque mois en mission à Porquerolles pour des essais d'armements ou pour vérifier des équipements de la Marine. Plusieurs fois il l'avait emmené, plus jeune ou bien déjà adolescent. Il se rappelait surtout que Jean Donadey avait été un sacré coureur et il se demanda si les deux vieillardes avaient fait partie de ses conquêtes. Ça, c'était avant le décès de sa mère et qu'il soit recueilli par une tante qui habitait dans la basse ville de Toulon un petit deux pièces, rue Charles Poncy. Parce que, vivre avec son père, il n'en avait jamais été question. Sa mère n'avait pas pu non plus. Elle avait quitté ce mari instable et narcissique en l'emmenant, lui, tout jeune. Elle avait travaillé, puis était morte trop tôt, stupidement, d'une péritonite diagnostiquée trop tard. A cette époque, on mourait encore comme cela.

Les deux vieilles soupirèrent en remuant des souvenirs qu'il n'osait imaginer.

– Hé, vouéï ! C'est comme ça ! Pas vrai Génie ? C'était quand même un bel homme, Marcel !

– Alors, comme ça, vous êtes devenu commissaire, fit l'autre émergeant de ses rêves. Ben, on l'aurait pas cru à l'époque, pas vrai Adèle ? Remarque, il lui ressemble, il est bien beau aussi !

– Dites-moi, interrompit Donadey qui ne tenait pas à donner dans les retrouvailles. La jeune Lisa, celle qui porte toujours du rouge, c'est quoi son histoire ? Vous devez savoir ça, non ?

Adèle taquina le commissaire. « Elle vous intéresse, hein ! Elle donna un coup de coude à sa compagne. Vous n'êtes pas le seul ! La petite, elle a eu du malheur, mais dans son malheur, elle a eu de la chance. Sa mère est morte, alors qu'elle avait quoi … ? Elle se tourna encore vers Génie. Huit ou dix ans… ? Son père, elle ne l'a même pas connu ! Il paraît qu'il est mort. Elle a été recueillie, avec son petit frère, par la gouvernante du curé de l'époque. Une brave femme. Grenouille de bénitier, ça, c'est normal ! Ça va avec la place. Mais brave ! Elle est morte, elle aussi, il y a trois ans. »

– Et Tony Escola ?

– Ben dites, vous voulez tout savoir, vous ! Tony, c'est un beau petit, pas méchant…

– Il paraît qu'il plaît aux dames, c'est vrai ?

– Ça, on peut pas dire le contraire ! Mais vous voulez que je vous dise ? Il risque de tourner mal. Je serais son père…

– Pourquoi ça ?

– Mais parce que, toutes ces femmes, là, toutes ces estivantes qui lui tournent autour ! Elles ont de l'argent, elles lui font des cadeaux ! Et pourquoi vous croyez que c'est ? Ça va le pourrir ! S'il continue, il va tourner au gigolo, voilà... !

Donadey père avait dû commencer comme cela, pensa le commissaire qui se souvenait de quelques allusions voilées de sa mère.

– Et avec Lisa... ?

– Ah, mais vous êtes tenace, hein ! Elle et lui, ils se connaissent depuis qu'ils sont petits ; forcément, ici, tout le monde est allé à l'école ensemble. Et puis on disait qu'ils étaient fiancés. Ça n'a jamais été officiel, mais ça s'est fait comme ça, petit à petit. Ils étaient ensemble, quoi ! Mais, maintenant, je ne sais plus ; toutes ces histoires de femmes, ça ne doit pas lui plaire à Lisa. Parce que, vous savez, elle a du caractère la petite, c'est moi qui vous le dit !

Les deux vieilles soupirèrent. Donadey laissa le silence s'installer, il sombra dans une rêverie que ni le claquement des boules, ni les coups de gueule des joueurs, ni le chant strident des cigales ne perturbaient. Il roulait machinalement dans sa main quelques feuilles d'eucalyptus arrachées aux branches basses de l'arbre. Lors de sa promenade du matin avec Julien, les effluves douçâtres du jasmin avaient fait affleurer à la surface de sa mémoire des éclats d'images, des phrases tronquées, des scènes inabouties, que le parfum pénétrant des feuilles écrasées précisait maintenant et brouillait à la fois. Les évocations, simultanément fortes et confuses, se superposaient à des souvenirs que sa mémoire lui débitait par bribes et en vrac.

***

Une vedette aux chromes étincelants les avait conduits au yacht qui, de près, était encore plus impressionnant que vu du port. L'Esméralda devait bien faire dans les quarante mètres. Ponderose les accueillit à l'échelle de coupée avec un large sourire et les conduisit vers la plage arrière aménagée en salon. A leur arrivée, une jeune fille en paréo, qui leur parut vraiment très jeune, se leva et disparut sans un mot. De petite taille, sec, se tenant très droit, Ponderose ressemblait tout à fait aux innombrables photographies que la presse people se disputait. Sa tenue vestimentaire était semblable à celle de Rosely et en même temps, les deux personnages n'auraient pas pu être plus différents. Le blazer, le pantalon de lin immaculé, la chemise impeccable, le foulard et la pochette qui, chez Rosely, faisaient l'effet d'une carapace destinée à protéger son habitant d'on ne sait quelle menace, semblaient entourer Ponderose d'une aura immatérielle consubstantielle au personnage. Son élégance était d'une telle fluidité qu'elle en devenait imperceptible et que l'on retenait du personnage au premier abord seulement son extraordinaire aisance.

Il les invita à s'assoir.

– Champagne ? C'est l'heure ! Quoique, à vrai dire, il n'y ait pas vraiment d'heure pour cela, n'est-ce pas ?

A la surprise de Renart qui jeta un regard en coin à son patron, Donadey accepta pour lui et l'inspecteur avant que ce dernier ait pu donner son avis. Ponderose saisit la bouteille qui reposait dans un seau à glace et les servit lui-même.

– J'ai deviné d'après votre message que vous vouliez me voir au sujet de cette pauvre Isabelle, n'est-ce pas, commissaire ? La nouvelle de sa mort si étrange et si brutale m'a bouleversé !

Renart pensa que pour une personne bouleversée, Ponderose paraissait singulièrement décontracté.

– En effet, répondit Donadey, son époux m'a bien confirmé que vous les aviez invités à la réception que vous donniez pour le mariage de Lea Bellachiosa, mais il n'a pas pu me dire si elle était venue.

Ponderose se renversa dans son transat. « Eh bien, non ! C'est regrettable, elle serait peut-être encore parmi nous ! Cela m'a étonné d'ailleurs, parce que, vous devez l'avoir compris, Isabelle – qui était d'ailleurs une femme très bien, ajouta-t-il en écartant de la main des objections imaginaires – adorait s'amuser. Et je vous prie de croire que chez moi, quand on fait la fête, on s'amuse !

– Peut-être pourriez-vous m'éclairer un peu davantage sur le couple qu'ils formaient ? Cela pourrait nous aider à comprendre ce qui s'est passé.

Ponderose but une gorgée de champagne, garda la flûte en suspens quelques secondes puis la reposa avec une moue. Renart se demanda s'il avait décelé quelque vice caché dans la boisson ou s'il réfléchissait à la réponse qu'il allait faire.

– Vous savez, je n'étais pas intime du couple. J'ai été en affaires avec Rosely un temps. Oh ! Pas de grandes affaires, c'est mon côté ami des arts, mécène, ajouta-t-il en riant. J'aime bien sa poésie, enfin, pas tout… J'aimais bien le côté minimaliste de ses premiers poèmes ; après, il a donné dans le pompeux. N'est pas Claudel qui veut, hein ! Heureusement d'ailleurs… ! Il y a quelques temps il a voulu se lancer dans la production ; je l'ai un peu aidé, mais ça n'est pas allé bien loin.

– Et son épouse ?

– Elle, je la rencontrais de temps à autre chez des amis communs ou à l'occasion d'événements mondains... Très différente, évidemment ! Solaire, dionysiaque ! Semant la gaité sur son passage ! Rosely, le malheureux, il est un peu rigide, un peu coincé. Je me suis toujours demandé comment il pouvait laisser une telle liberté à sa femme, parce que, comment vous dire, on l'imaginerait plutôt du genre possessif. Mais ne me faites pas dire qu'Isabelle en abusait ! Je suis bien certain qu'elle aimait le pauvre Francis et que, de son côté, il avait l'intelligence de ne pas tirer sur les rênes !

– A propos d'amis, ils forment, semble-t-il, un petit groupe qui se retrouve chaque année à Porquerolles. Vous en connaissez quelques-uns ?

– Une seule de ces personnes. Paul Mertz, que j'avais également invité, mais qui n'est pas venu... Ponderose rit. A vrai dire, il me boude. Il me reproche de ne pas boire son champagne ! Que voulez-vous, il attrapa la bouteille et remplit les flûtes, je suis fidèle au Don Pérignon depuis mon premier million. Il devrait comprendre ! Lui ne boit que du Mertz. Un peu trop d'ailleurs...

– Une dernière question, Monsieur Ponderose, avez-vous des armes de tir à bord ?

Une petite lueur amusée s'alluma dans les yeux bleu azur du milliardaire. « Plusieurs, en effet. En mer, le balltrap est une excellente distraction ! Personnellement

je tire à la carabine, je trouve cela plus sportif que les plombs ! Elles sont à votre disposition, commissaire. »
– La carabine suffira.
– Nous allons rester encore deux ou trois jours ici, le temps de se reposer du mariage ! Il rit. Puis nous filerons vers Saint-Tropez. Entretemps, Messieurs, vous serez toujours les bienvenus à bord !

Les deux policiers se retrouvèrent sur la jetée très animée en cette fin d'après-midi. Les plaisanciers qui avaient passé la journée dans les calanques ou sur les plages éloignées débarquaient leur matériel de plongée, leurs parasols, leurs glacières, bref, tout ce qui constitue les impedimenta indispensables du vacancier. Certains exhibaient le produit de leur pêche et s'interpelaient d'un bateau à l'autre. On remarquait les nouveaux venus à leurs coups de soleil rutilants.

– Alors, Renart, comment avez-vous trouvé notre escapade ?
– Patron, je ne vous avais jamais vu boire en service !
– D'abord ici, les contours de la notion de service perdent de leur netteté. Ensuite, ce n'est pas demain que vous aurez l'occasion de boire un Don Pérignon 49 ! J'aurais pu monter à bord tout seul, remerciez-moi au lieu de faire cette tête ! Plus sérieusement, comment vous le trouvez ?
– Un peu trop à l'aise, non ?
– Il en a vu d'autres vous savez ! De père italien émigré aux Etats-Unis, il a également la nationalité

monégasque et parle une demi-douzaine de langues. Il a gagné ses premiers sous à vingt ans en touchant les assurances des quasi épaves qu'il faisait naviguer pour la forme, avant de les couler discrètement du côté de Malacca ou d'ailleurs. Il a ensuite investi dans le ciment. Après la guerre et avec la reconstruction, c'était plutôt un bon placement ! Depuis il s'est diversifié. Dans ses loisirs il est aussi producteur de films et mécène. Grand amateur d'art moderne. Cher, bien sûr. Et de jeunes filles, comme vous avez pu le voir. Mais là, comme partout, il est prudent. Toujours dans les limites ! Je le sais parce que j'ai déjà eu l'occasion de m'intéresser à lui en marge d'autres affaires.

– Moi, je n'exclurais pas complètement un accident, avança Renart. Pendant la fête, un invité aviné veut faire un carton, tire n'importe où, et la pauvre Isabelle qui se trouve par hasard au bord de l'eau est sur la trajectoire. Elle tombe à la mer et se noie. De toutes manières, je vous parie que l'examen balistique ne donnera rien. Des armes, il peut très bien en avoir une dizaine d'autres à bord. A moins d'une perquisition en règle, et encore, on n'en saura rien.

– Ouais, un accident de ce genre n'est pas à écarter, mais je n'y crois pas trop... D'ailleurs, nous avons encore d'autres pistes. Mertz, entre autre. Vous lui avez fait passer le message ?

– Il doit nous attendre en ce moment à l'Arche, pour l'apéritif. Si ça continue, on va être bien ce soir !

– Courage, Renart, c'est pour la cause. Allons-y !

***

L'esprit de la décoration de l'Arche de Noé ne différait pas de celui des autres établissements de l'île, même plus modestes : filets de pêche avec leurs flotteurs de verre aux murs, instruments de navigation aux cuivres astiqués, ici et là quelques carapaces de crabes et de langoustes vernissées, appliques murales tamisées, vanneries. La seule différence était qu'ici, le choix des pièces exposées était plus riche et l'ensemble arrangé avec davantage de soin.

Assis à une table dans un coin du bar, Paul Mertz fit signe aux policiers. Renart remarqua le seau à champagne et murmura :

– Patron, ça continue… !

Tout en débitant quelques banalités introductives, Donadey observait son interlocuteur. Malgré la pénombre indulgente, Mertz ne resplendissait pas de santé. Son teint couperosé, les poches sous les yeux, le nez parcouru de fines veinules, témoignaient de son amour immodéré du produit de ses vignobles. Ponderose n'avait pas médit. Il faisait nettement plus que son âge et Renart se demanda si le blond curieusement jaune de ses fins cheveux coupés en brosse était naturel ou si c'était l'effet d'une teinture baroque.

Des coupes apparurent, une jeune serveuse les remplit. Elle sourit à Renart qui l'avait interrogée la veille et qui remarqua qu'elle se tenait à bonne distance de Mertz.

– Je ne sacrifie pas à cette mode ridicule des flûtes ! déclara Mertz abruptement en agitant une main rougeaude chargée d'une épaisse chevalière. Le champagne se boit dans une coupe ! Tsss ! Des flûtes ! Je parie qu'il vous en a servi dans des flûtes, Ponderose ! C'est bien son genre !

– Les nouvelles vont vite ! Nous venons en effet de débarquer de son bateau. Beau navire, d'ailleurs, ajouta Donadey malicieusement pour titiller Mertz.

– Oui, payé on sait comment ! Les vignobles au moins, Messieurs, c'est un commerce honnête !

– Monsieur Mertz, vous êtes peut-être parmi les dernières personnes à avoir vu Isabelle Rosely vivante. Quand était-ce ?

Le regard du négociant parut se perdre dans les bulles du champagne. « C'était au bal. Elle dansait comme une folle, comme d'habitude. Les regards de tous ces hommes, ça l'excitait, forcément ! C'était une allumeuse ! Demandez donc à Rocambert, à de Marcilly, ce qu'ils en pensent, ou plutôt, ajouta-t-il avec un curieux gloussement, demandez-leur ce qu'ils pensaient en la regardant !

– Et vous, que pensiez-vous ?

– Il eut un sourire en coin. « Nous sommes tous des cochons, Monsieur le commissaire ! »

Donadey ne commenta pas. « Et après ? »

– Nous sommes restés là un bon moment, une heure peut-être. Puis j'en ai eu assez, j'ai dit que j'étais fatigué. Ils m'ont raccompagné jusqu'à mi-chemin. Je suis rentré chez moi. Il devait être quelque chose comme onze heures et demie. J'ai bu une coupe de champagne et je me suis couché. Voilà, vous savez tout !

– Vous étiez seul ?

– J'avais donné quartier libre à mes domestiques, si c'est ce que vous voulez dire.

– Donc, madame Rosely est revenue au village avec vos amis ?

– Je présume, mais c'est à eux qu'il faut le demander !

Paul Mertz avait la gestuelle lente des alcooliques, mais sous ses paupières gonflées, le regard était plus vif et mobile qu'on ne s'y serait attendu.

VIII

L'hôtel de la Place n'avait certes pas la classe de l'Arche de Noé, mais le maire avait l'ambition d'en faire une référence de modernité. La boîte de nuit constituait un des volets de sa stratégie, un autre était la cuisine « légère et authentique », le confort suivait. Donadey et Renart étaient attablés devant une soupe de poissons de l'île, en attendant le loup flambé au fenouil. Ils avaient poliment mais énergiquement refusé les kirs au vin blanc, également de l'île, que le patron tenait absolument à leur faire goûter et s'en tenaient à une bouteille de Tibouren bien frais, valeur sûre parmi les rosés depuis que les Romains en avaient introduit le cépage en Gaule transalpine en leur temps.

Donadey émiettait des croûtons dans son assiette, puis piocha une cuillérée de rouille qu'il mélangea pensivement à la soupe.

Renart rompit le silence : « Si on les en croit, ils dormaient tous comme des anges ! Couchés tôt et la conscience tranquille ! Lorsqu'on aura interrogé les deux qui sont restés avec Isabelle Rosely ainsi que le jeune Tony, il ne nous restera plus grand-chose à se mettre sous la dent !

Donadey mangeait sa soupe consciencieusement, cuillérée après cuillérée.

– Moi, je n'ajoute pas de fromage, déclara-t-il soudain, je trouve que ça n'apporte rien, au contraire, ça perturbe les saveurs. Il posa sa cuillère et pointa le doigt vers Renart. Demain, vous allez retourner à Toulon. Vous allez rechercher tout ce que vous pourrez trouver sur Rosely, sur Ponderose, sur Rocambert et de Marsilly. Je continuerai les auditions ici.

– Fin de la récréation alors ?

– Vous reviendrez ensuite. Il sourit. Vous n'avez pas été assez venté ! Regardez-les ! s'exclama-t-il tout à coup en montrant un groupe de jeunes qui passaient devant la terrasse, parmi lesquels il reconnut Julien et ses copains de la plage. Ils vont, ils viennent, ils cherchent. Ils croient savoir ce qu'ils cherchent, en réalité, ils ne le découvriront que plus tard. Enfin, pour les plus chanceux ou les plus obstinés, parce que, pour la plupart, ils ne trouveront jamais grand-chose ! J'étais comme eux Renart...

– Et vous avez trouvé ?

Un serveur débarrassa les assiettes, le patron en personne accompagna le loup. Il l'arrosa de pastis et y mit le feu. « Messieurs, vous allez vous régaler ! » annonça-t-il sur un ton triomphant. Les flammes bleutées dansèrent un moment, se reflétant dans les yeux des deux dîneurs. Le serveur découpa prestement la bête et servit. Renart, plus diplomate que jamais, adressa quelques louanges bien senties au maire.

Lorsque celui-ci se fut éloigné, Donadey attaqua le poisson et reprit : « j'ai découvert un certain nombre de choses, certes. C'est comme une enquête, finalement. Un indice ici, une certitude là, une impasse par-ci, un espoir par-là. Beaucoup d'attente, et souvent rien au bout. Seulement, cette enquête-là, elle dure toute la vie. Elle n'en finit jamais, Renart. Dans cette affaire qui nous a conduits ici, peut-être que demain ou après-demain, nous allons relier tous les fils et nous repartirons satisfaits, nous aurons fini. Peut-être aurons-nous obtenu la réponse à toutes nos questions. Peut-être pas. Mais dans la vraie vie, c'est-à-dire la mienne, la vôtre, celle qui importe, vous croyez qu'au bout du compte, lorsque vous serez à sucrer les fraises au bord de la tombe, vous serez plus avancé ? Vous vous serez sans doute posé davantage de questions que les autres, vous aurez peut-être exploré davantage de pistes et tiré sur de nombreux fils, c'est ce qui fera la différence. Mais les réponses... ? D'ailleurs, pourquoi êtes-vous devenu flic, Renart ?

– Ah ! Il y a toujours quelqu'un pour poser cette question ! A vous, patron, je peux le dire : depuis tout petit, je voulais être Maigret !

– Là c'est plutôt raté ! Vous n'êtes pas bougon ! Et vous n'aimez pas la choucroute ! C'est votre femme qui me l'a dit.

Le visage de Renart s'assombrit. « Ma femme... Nous sommes en train de nous séparer. »

- Oh ! Je suis désolé, Renart, je l'ignorais…vous voulez en parler ?

L'inspecteur eut un geste évasif. « Toujours la même histoire… On s'est mariés jeunes. Nous étions de Marseille tous les deux. J'avais des idées simples sur les femmes, sur l'amour, sur la vie, quoi ! Et puis, avec le métier, ça s'est un peu compliqué dans ma tête.

– Vous avez commencé à tirer sur des fils, c'est ça ?

– On peut dire comme ça… alors, on ne s'est plus très bien compris. Ajoutez à cela les horaires, les week-ends foutus, les promenades comme celle que nous sommes en train de faire… Nous nous sommes éloignés. Ça, c'est simple à comprendre, c'est le reste qui est compliqué.

Le serveur réapparut, remplit les verres et réapprovisionna leurs assiettes. Ils mangèrent quelques minutes en silence. Autour d'eux le brouhaha des conversations des dîneurs élevait comme une barrière cotonneuse les isolant dans leurs pensées.

Donadey reposa ses couverts et sortit son paquet de Gauloises de plus en plus malmené. La flamme de l'allumette éclaira un instant son visage anguleux. Renart sourit en pensant qu'au service, on avait surnommé Donadey « le Sarrasin ».

- Tiens ! Revoilà vos jeunes chercheurs ! Il désigna à Donadey Julien et les trois autres garçons arrêtés à une dizaine de mètres du restaurant, en conversation avec des filles de leur âge.

– Des estivantes ? interrogea Donadey.

– Oui, mais de Marseille, précisa très sérieusement Renart. Regardez bien : la pose en arrière, le geste de la main pour accompagner la phrase que nous n'entendons pas, mais que l'on peut imaginer. La manière de pencher la tête sur le côté. Tout ça c'est Marseille ! Il n'y a pas une fille de Paris, de Lille ou de Strasbourg pour se tenir comme cela !

Donadey regarda son adjoint, perplexe. « Vous vous fichez de moi, Renart, vous trichez ! Avouez que vous les connaissez ! »

L'inspecteur rit. « D'accord, je les entendues bavarder devant la fenêtre de la mairie ! Il n'empêche, tout ce que j'ai dit est vrai ! Et je m'y connais ! » ajouta-t-il en soupirant.

Ils regardèrent le groupe se séparer. Les filles s'éloignèrent avec un petit geste de la main.

– Ah ! Ce geste ! commenta Renart, tout n'est pas perdu, l'avenir reste ouvert !

– C'est votre langue des signes marseillaise qui vous dit ça ?

– Exactement ! Tous les sourds vous le diront : un petit signe vaut mieux qu'un long discours !

Après avoir refusé la litanie des desserts proposés par le maire en personne et seulement accepté un café, Donadey et Renart étaient descendus au *Trou du Pirate*, respectant ainsi la promesse faite à l'inspecteur. Il était tôt dans la soirée, la clientèle était encore juvénile, Donadey reconnut quelques garçons et filles qu'il avait aperçus la première fois. La place au comptoir était occupée par Lisa.

– Décidément, vous êtes partout ! plaisanta Renart. Que ferait le maire sans vous ? Il ajouta un compliment appuyé sur sa robe assurant que le rouge « allait tellement bien aux brunes ! ».

– Elle sourit sans affectation ni complaisance, et sortit une bouteille de sous le comptoir. « Le maire a mis une bouteille de cognac de côté pour vous », et elle posa deux verres ballon devant eux.

Les deux policiers échangèrent un regard amusé. Renart secoua la tête. « Il nous gâte vraiment trop ! Il doit avoir quelque chose à se faire pardonner, votre patron ! » Lisa rit, « mais non, il vous aime bien, c'est tout ! »

Donadey réchauffait le verre dans sa main tout en observant Lisa. Lorsqu'il l'avait croisée dans la ruelle derrière l'église, dans la lumière du matin, le bleu de son regard l'avait frappé. Un bleu très sombre. Indigo ? Lapis-lazuli ? Outremer ? Il était à court d'adjectifs. Sans qu'il s'en doute, ce regard l'avait accompagné depuis sa rencontre et, ici, dans la demi-pénombre du bar, il semblait briller doucement avec la dureté d'une pierre précieuse. Un diamant noir. « Cette fille est une sauvage, pensa-t-il sans l'avoir même formulé. Sous ses dehors de personne sage et raisonnable, elle est tranchante comme une lame. » Il ne savait pas pourquoi, elle l'intriguait, elle l'attirait, elle le mettait mal à l'aise, et cela l'irritait. Il devait l'interroger comme les autres et, pourtant, il en avait sans cesse retardé le moment. Il aurait pu laisser Renart s'en occuper, mais il sentait qu'il tenait à le faire lui-même.

Il prit tout à coup conscience que Renart et Lisa le regardaient et semblaient attendre une réponse. Il sortit de sa rêverie.

– J'ai proposé à Lisa qu'elle passe vous voir à la mairie demain matin, dit Renart. Donadey se demanda si son adjoint lisait parfois dans ses pensées.
– Oui, demain matin, c'est parfait !

Le maire était entré et s'approcha du comptoir. Il se pencha vers les deux policiers. « Il paraît que Tony est revenu. Quelqu'un a vu son bateau à la jetée. »
Lisa emplit à nouveau leurs verres.
– Eh bien, on va aller écouter ce qu'il a à nous raconter, n'est-ce pas patron ?
Donadey acquiesça.
– Ça peut attendre que vous finissiez vos verres, tout de même ! fit le maire. Vous avez remarqué le millésime, j'espère ! Il souleva la bouteille et la pencha pour que les policiers distinguent bien l'étiquette. Ils s'exclamèrent de concert, assurant leur hôte qu'ils n'avaient pas bu quelque chose de semblable depuis longtemps. Le maire demanda un verre à Lisa, se servit largement et se lança dans l'exposé d'un de ses projets de développement de l'île. Lisa allait et venait, servant les clients. Ils ne la virent pas sortir.

***

Lorsque Lisa arriva sur la jetée, Tony finissait de ranger son matériel et de remettre son bateau en ordre. Elle avait croisé en chemin les touristes qu'il avait emmenés sur le continent et qui s'en retournaient vers leur location, chargés et parlant fort. Tony l'accueillit avec le sourire charmeur dont il savait faire usage à tout propos, il tira sur l'amarre pour approcher le bateau et elle sauta à bord. Essoufflée par sa course depuis l'hôtel, elle l'informa en phrases hachées de la mort d'Isabelle Rosely et de la présence des deux policiers qui allaient venir l'interroger.

– De quoi tu parles ? Le sourire de Tony s'était figé sur ses lèvres. Il penchait la tête, comme quelqu'un qui cherche à raisonner un enfant. Il étendit la main pour la prendre par l'épaule, geste qui lui réussissait d'ordinaire, mais elle se déroba.

– La mère Rosely, elle est morte, tu entends ? Et pour ce que je pense, ce n'est pas une perte ! T'as pas compris ? On l'a repêchée au ponton. Là où elle te retrouvait. Ne nie pas, ne dis rien ! Le soir du bal tu étais avec elle sur le bateau. Je l'ai suivie, je l'ai vue ! Je t'ai vu ! Mais comment tu as pu traîner avec une bonne femme pareille ? J'en ai assez, Tony, assez ! De tes histoires, de tes promesses, de tes mensonges. Je suis fatiguée d'imaginer ce que tu aurais pu être et que tu n'es pas !

Le sourire de Tony s'était évanoui. Sa superbe habituelle s'était envolée. Il répéta d'une voix hésitante : « Tu l'as suivie ? Des policiers sont ici ? » Il cherchait une explication à fournir à Lisa comme il l'avait fait tant de fois pour se faire pardonner ses frasques, débiter des promesses qui lui venaient d'ordinaire facilement aux lèvres, mais là, son esprit restait paralysé, sec. Tout s'embrouillait, policiers, Lisa, Isabelle, meurtre. Une peur vague lui serrait le ventre. Il tenta de reprendre l'avantage, « attends ! Tu ne vas pas me dire …?»

– Quoi ? Que je l'aurais tuée ? Et qu'est-ce que ça changerait ? Elle est morte, Tony, elle est morte, c'est tout !

Tony regardait Lisa d'un air effaré. Son beau visage hâlé avait tourné au gris. « C'est pas possible ! » Il s'efforça de sourire, mais ne parvint qu'à grimacer. Ils étaient descendus dans la cabine et se tenaient tous deux face à face. Il évitait son regard et cherchait secours dans les objets familiers alentours.

– Elle en valait tellement la peine, Tony ? Regarde-moi ! Elles me valent vraiment, toutes ces connasses qui te filent des billets, qui t'invitent à l'Arche, qui te payent des fringues ? Regarde-moi bien, Tony, parce que c'est la dernière fois que moi, je te regarde ! Tu vois, je te connais depuis que tu es comme ça, lança-t-elle en étendant la main, je t'aimais comme je te connaissais, mais, toi, tu n'es pas capable d'aimer. J'aurais voulu être tout pour toi, mais toi, tu aimes qu'on t'aime, c'est tout, et ce sera toujours ainsi, jusqu'à ta mort. Parce que tu trouveras toujours quelqu'un à charmer, même vieux, même sur ton lit de mort ! Mais moi, c'est fini, Tony, tu ne m'intéresses plus ! J'ai été suffisamment conne pendant toutes ces années pour me soucier de toi, réparer tes bêtises, te donner des conseils. C'est fini maintenant ! Elle détourna le visage. Dans quelques minutes, les deux policiers vont venir t'interroger. Peut-être qu'ils te soupçonnent. Après tout, va savoir qui l'a tuée ? Je ne sais pas ce qui se passait entre vous ! Je suis venue t'avertir, c'est la dernière chose que j'aurais faite pour toi. Ne me demande plus rien. Débrouille-toi ! Elle fit un mouvement pour sortir.

A ce moment, une voix appela depuis le quai. Tony remonta sur le pont. Un des clients avait oublié son portefeuille sur le bateau.

Lisa, restée dans la cabine regardait machinalement autour d'elle. Elle essayait de ne pas peupler d'images cet espace aux couchettes étroites. Soudain, elle avisa dans un coin un sac en plastique transparent et s'en empara vivement. Tony redescendit, trouva le portefeuille et remonta le retourner à son propriétaire. Lorsqu'il revint, Lisa passa devant lui avec ces seuls mots « débrouille-toi ! », laissant Tony les bras ballants. Elle tira elle-même sur l'amarre et sauta sur le quai. Elle hésita quelques secondes, puis se dirigea vers le bout de la jetée, là où le petit phare peint en rouge signalait l'entrée du port. Le mistral s'était levé, la soirée était fraîche, les promeneurs étaient rares, l'obscurité quasi totale. Entre deux éclats du phare, elle lança l'un après l'autre deux objets à la mer. Le sifflement du vent dans les haubans et le clapot des vagues couvrirent le bruit de leur chute dans l'eau.

***

Les deux policiers cueillirent Tony à son bateau qu'ils trouvèrent sans peine grâce aux indications du maire. En ciré jaune, un sac à dos sur l'épaule, il s'apprêtait à sauter sur le quai.

– Tony Escola ? L'interpela Donadey, nous aurions quelques questions à vous poser. On pourrait aller dans un endroit un peu plus éclairé ?

Ils marchèrent en silence jusqu'à l'Escale. Dans la pénombre, les deux policiers pouvaient sentir la tension du jeune homme qui n'osait même pas demander pourquoi on voulait l'interroger. Arrivés au café ils s'installèrent dans l'arrière-salle vitrée donnant sur le port et la petite plage.

– On a une belle vue d'ici, observa Renart, on voit même jusqu'au ponton du Miramar ! Tony tourna la tête dans la direction indiquée sans répondre. Il avait posé son sac sur une chaise mais avait gardé son ciré et se tenait raide sur son siège. Lorsque l'un ou l'autre des policiers lui adressait la parole, on avait l'impression qu'il se tournait vers eux d'un bloc. L'inspecteur commanda des demis pour tous les trois. « Comme dans Simenon ! lança Renart jovial. Maigret offre toujours un demi au suspect qu'il interroge ! Je plaisante, naturellement ! Sérieusement, vous ne voulez pas un sandwich ? La mer, ça creuse ! » Tony fit non de la tête, de plus en plus mal à l'aise. Il parut rassembler son courage et demanda avec un sourire contraint :

– A propos de quoi vous voulez m'interroger ?

– Vous n'en avez vraiment aucune idée ? demanda Donadey.

Tony esquissa une faible moue d'ignorance et haussa les épaules.

– Madame Isabelle Rosely est morte. Très probablement assassinée. Son cadavre a été retrouvé avant-hier flottant là-bas. Il désigna la direction du ponton. Vous l'ignoriez ?

Tony s'efforça de prendre une mine de circonstance. Il émit un faible « non ! » incrédule qui se voulait convaincant et se lança dans des explications. « Vous savez, j'étais en mer avec des touristes pendant ces deux jours. A part la météo, je n'écoute pas la radio. On s'est juste arrêté quelques heures au Lavandou, mais je n'ai parlé à personne et j'en ai profité pour dormir pendant que mes clients déjeunaient sur le port. Je viens seulement de rentrer. C'est vrai ! »

– Quelles étaient vos relations avec madame Rosely ?

Tony hésita. « Ben, on se voyait. Elle m'aimait bien… ».

– Vous étiez amants, quoi ! coupa Renart. Tu la sautais ! C'est bien ça ? Tony acquiesça mollement. On ne va pas forcément le chanter sur tous les toits, poursuivit l'inspecteur, mais il va falloir être franc du collier et tout nous dire. Sinon, on ne va pas être contents, Tony ! Tu l'as vue quand et où pour la dernière fois ?

Tony tortillait ses doigts comme un enfant pris en faute. « Ben, au bal. On a dansé, voilà. »

– Et après ?

– Après, je suis allé me coucher, je devais démarrer tôt avec les touristes.

– Et ça, c'était vers quelle heure ?

– Je sais pas, moi ! Onze heures et demie, à peu près… Les deux policiers échangèrent un regard résigné.

– C'est à croire que, passé onze heures il n'y a plus un chat dehors dans ce village ! s'exclama Renart dégoûté. Tes parents peuvent confirmer ?

– J'ai dormi sur le bateau, s'excusa Tony d'un air piteux.

Les policiers avaient laissé partir Tony. Ils restèrent un moment silencieux à contempler la nuit trouée par les pulsations du phare. Un bateau de pêcheur rentrait tardivement. Ses feux de position se balançaient au gré des vagues et par les baies entrouvertes, le halètement rythmé du moteur deux-temps leur parvenait comme tout proche. Ils remontèrent vers l'hôtel, les mains dans les poches, le nez dans les étoiles.

– C'est poisseux comme enquête ! remarqua l'inspecteur.

– On va y arriver, Renart, patience, nous n'avons pas encore tiré sur tous les fils.

– En tout cas, le Tony, je ne le sens pas ! Il est franc comme un âne qui recule !

– Il va se déballonner. Croyez-moi ! Allons boire un dernier chez notre ami.

La boîte du maire ne faisait pas recette ce soir. Les jeunes étaient partis et la clientèle sérieuse n'était pas venue. Ils s'assirent à une table, le maire vint à eux, la bouteille de cognac à la main. Il désigna la salle de la main : « il y a une fête ce soir chez Paul Mertz. Ils y sont tous. On ne peut pas dire qu'ils aient le deuil durable ! Ceci dit, je ne pense quand même pas que Rosely y soit... ». Donadey suivait des yeux Lisa aller et venir tandis qu'elle remettait en place les tables et les chaises. Tout perturbé qu'il fut lorsqu'il était en sa présence, sa beauté lui faisait du bien. Le maire fit signe à Lisa que ce n'était pas la peine de rester. Elle s'éclipsa prestement. Il se versa un verre et trinqua. « A votre enquête ! »

– Vous ne m'aviez pas dit que Lisa et Tony étaient liés, remarqua le commissaire.

Le maire prit un air ennuyé. « Je ne veux pas lui causer du tort à la petite. Tony est un imbécile, tout malin qu'il est ! Il a un peu trop tiré sur la corde, si vous voyez ce que je veux dire ! Elle ne va pas supporter longtemps ses histoires de bonnes femmes à droite et à gauche. Et elle peut être dure, vous savez ! Mais c'est une fille courageuse, et intelligente ! » Donadey sourit en se rappelant les paroles de Julien. « Vous ne savez pas, mais elle prépare son bac par correspondance ! Chaque semaine, elle porte au bateau une grosse enveloppe avec ses devoirs. C'est Fernand, le capitaine de l'Oiseau des îles, qui les lui poste à Toulon, c'est plus rapide ! » Donadey se souvint de sa rencontre inopinée avec Lisa dans la ruelle, un paquet sous le bras. Le maire parlait fièrement de Lisa comme si elle était sa propre fille. « Vous n'allez pas l'embêter, n'est-ce pas ?»

– Qu'est-ce que vous savez de ses origines ?

Le maire fourragea dans sa moustache. « Pas grand-chose d'autre que ce qu'on raconte. Moi, je suis arrivé ici après la mort de sa mère. Elle et son frère vivaient déjà chez la gouvernante du curé. Il y a plusieurs versions qui circulent. Certains prétendent que lorsque sa mère est arrivée ici, Lisa était avec elle, d'autres disent que la petite est née plus tard et que le père était quelqu'un de passage. Et puis, bien sûr il y a quelques mauvaises langues qui affirment que le père, c'est quelqu'un de l'île, pareil pour le garçon !

– Et le garçon, qu'est-ce qu'il est devenu ?

– Alors, lui, c'est une autre histoire ! Il était très doué pour la musique. Un couple de Parisiens l'a adopté quand il avait une dizaine d'années. Ils reviennent chaque été à Porquerolles, en juillet.

– Une chance que ce soit le père des enfants ?

– Non, ces gens-là n'ont commencé à venir ici que bien après leur naissance. Si cela vous intéresse, vous pouvez toujours essayer d'interroger quelques vieux pêcheurs après deux ou trois pastis, mais, à mon avis, c'est plutôt du côté des vieilles du village qu'il faut chercher. Elles, elles savent tout, et comme vous avez une belle gueule, – excusez-moi commissaire, mais c'est vrai ! – elles vous parleront peut-être ! Allez, un dernier avant la fermeture ?

Donadey se promit de retourner cuisiner Adèle et Génie.

IX

Le lendemain à huit heures, Donadey et Renart, la tête un peu lourde, se tenaient sur le quai, attendant la navette en provenance de la Tour Fondue. Le commissaire répétait ses dernières recommandations à son adjoint.

– Vous sortez tout ce qu'il est possible d'obtenir sur Rosely, ses affaires, ses relations, sur le couple et leur entourage, en particulier sur les Mertz, Rocambert et de Marcilly. S'il faut vous déplacer à Paris, vous y allez. Je vous rappelle que Rosely possède l'essentiel de ses journaux dans la région, fouillez d'abord de ce côté-là.

Il resta quelques minutes à regarder le bateau s'éloigner en marche arrière avant d'effectuer un arc de cercle dans le port et de se diriger vers le continent. Renart, debout à l'arrière, lui fit un grand signe du bras et

Donadey se sentit tout à coup comme un vacancier libre de son temps. Il décida de commencer par s'aérer le cerveau avec une promenade sur la jetée. Le mistral n'avait pas tenu, les vaguelettes soulevées par une légère brise jouaient avec des glou glou sonores entre les brise-lames le long de la jetée, côté mer. Le ciel était pur, l'air frais. Assis sous l'auvent de l'abri qui avait de tout temps servi de local commun aux gens de mer, trois pêcheurs qui avaient passé la nuit en mer et venaient sans doute de vendre leurs poissons à des hôtels, arrosaient de vin rosé un solide déjeuner. Quelques estivants se dirigeaient vers leur bateau, chargés d'équipements de plage, tandis qu'en sens inverse, les plaisanciers allaient vers le village faire leurs provisions.

Donadey flânait, sans autre but que le bout de la jetée, absorbant avec bonheur par tous ses pores la lumière du matin. Le yacht de Ponderose était toujours au mouillage, il nota seulement qu'il était maintenant un peu plus avant dans le port, sans doute pour se protéger du mistral de la veille.

A l'endroit où le départ de la jetée faisait un angle aigu avec le quai, la mer avait rassemblé un conglomérat de débris flottants, de bois, de liège, de plastique et de boules de goudron, clapotant au milieu d'une petite nappe d'huile aux couleurs d'arc en ciel. Il s'en dégageait une puissante odeur d'iode, de pourriture marine et de gasoil. Il ferma les yeux et, le temps de parcourir quelques mètres, se laissa submerger par une montée brutale de souvenirs et d'images.

Il passa devant le bateau de Tony. Celui-ci était assis à la proue, occupé à recoudre un coussin de banquette qui laissait voir son rembourrage. Il ne leva pas les yeux au passage du commissaire mais Donadey était certain qu'il l'avait vu venir. A quelques dizaines de mètres, il aperçut deux minots armés de cannes, les yeux rivés sur le bouchon de leur ligne. Il reconnut Pierrot et s'approcha.

– Dis donc, c'est une superbe canne au lancer que tu as là !

Pierrot apprécia le compliment, mais fit comme si de rien n'était. Donadey regarda dans le seau et compta les girelles. « Pas mal ! C'est pour la soupe ou la friture ? »

– Ben, aujourd'hui, ce sera plutôt pour le chat, répondit Pierrot, parce que je crois que ma tante a prévu un autre menu.

Il souhaita bonne pêche aux deux gamins et poursuivit son chemin en direction du petit phare. A peine avait-il fait quelques mètres qu'il s'arrêta brusquement et se pencha sur l'eau.

Il revint rapidement vers les enfants. « Pierrot, passe-moi ton épuisette ! » Il retourna sur ses pas, se mit à plat ventre et parvint à attraper ce qu'il avait aperçu flottant le long du quai. Il posa l'épuisette sur le sol et considéra sa prise. « Comment est-elle arrivée ici ? » se demanda-t-il en regardant l'élégante sandale dorée à talon haut prise dans le filet.

***

– Cela vous rappelle quelque chose ? Le commissaire balançait sous le nez de Tony la sandale accrochée à un bout de fil de fer ramassé sur le quai. C'est bien ce que je pense, n'est-ce pas ?

Le jeune homme semblait tétanisé à la vue de l'objet. Son visage reflétait à la fois l'incompréhension la plus totale et une panique envahissante.

– Vous pouvez me dire ce que fait cette sandale, que vous avez sûrement reconnue, à quelques mètres de votre bateau ?

Incapable de formuler une réponse cohérente, Tony fixait la petite mare que l'eau s'écoulant de la sandale formait sur le pont. Il crut y voir du sang. Il finit par avouer en bégayant qu'il ne comprenait pas, lui non plus, ce qui lui parut, en ces circonstances, la meilleure, et la moins compromettante, des réponses.

– Et bien, je vous conseille d'y réfléchir, et lorsque vous aurez trouvé une réponse, vous savez où me trouver… Et il s'éloigna du bateau, emportant la sandale ballante au bout de son fil, comme les pêcheurs parfois ramènent leur prise accrochée par les ouïes.

La porte de la mairie était entrouverte. Donadey fut accueilli par une odeur de café frais et de croissants que le maire n'oubliait pas de faire porter chaque matin. Lisa, assise derrière le bureau, remplissait des formulaires administratifs et se leva pour accueillir le commissaire. A la vue de la sandale elle suspendit son mouvement une fraction de seconde et mit la main devant sa bouche.

– Vous reconnaissez cette chaussure ? demanda Donadey.

– Elle appartenait à Isabelle Rosely, n'est-ce pas ? répondit Lisa se reprenant. Où l'avez-vous trouvée ?

– A deux pas, si je puis dire, du bateau de Tony Escola. Il ne la quittait pas des yeux. Elle se tourna vers le coin de la pièce et alla lui chercher une tasse. Elle mit un certain temps à verser le café, choisir une assiette, y placer deux croissants, avant de lui faire face à nouveau, souriante et impénétrable. Il alla fourrager dans une sacoche rangée sur une étagère par l'inspecteur avant son départ et en extraya une étiquette et un sac dans lequel il plaça la sandale. Lisa avait repris sa place derrière le bureau, il avait tiré la chaise de paille sur le côté. Pendant quelques minutes le silence ne fut rompu que par le froissement des feuilles de papier que Lisa manipulait et par le craquement du vieux fauteuil de bureau. Donadey buvait son café lentement tout en émiettant d'une main un croissant dans l'assiette posée sur le coin du bureau.

– Racontez-moi la soirée du quinze, Lisa.

Sans s'interrompre dans son travail, elle répondit : « il n'y a pas grand-chose à raconter. J'ai travaillé à l'Arche jusque vers dix heures, puis je suis allée faire un tour au bal et ensuite, je suis rentrée me coucher.

– Avant ou après le feu d'artifice ?

– Après. Juste après.

– Au bal, vous avez vu Isabelle Rosely ?

Elle eut un sourire amer. « C'était difficile de ne pas la voir ! »

– Vous ne l'aimiez pas beaucoup, n'est-ce pas ?

Lisa posa son stylo et regarda le commissaire droit dans les yeux. « Je ne vais pas vous raconter des histoires. On a dû déjà vous parler de Tony et de moi et des femmes qui tournent autour de lui. Non, je ne l'aimais pas, pas plus que toutes les autres qui profitent de la faiblesse de Tony.

— Vous ne pensez pas que c'est plutôt lui qui profite ? Ou, en tout cas, que c'est partagé ?

— Tony, c'est un garçon simple. Un fils de pêcheur, un villageois. Il peut faire le charmeur, entortiller les gens, mais il n'est pas très intelligent. Le matin, il ne voit pas plus loin que le soir. Il recherche l'attention, il veut qu'on l'aime, qu'on le lui dise. Il aime les cadeaux, c'est vrai, mais ce n'est pas vraiment pour l'argent, c'est pour être reconnu, pour exister. Ce n'est pas un gigolo. C'est un enfant !

— Vous aviez un petit frère, n'est-ce pas ? Cela n'a pas dû être facile de le voir partir, lorsqu'il a été adopté.

Lisa passa la main dans ses cheveux qu'elle avait laissé tomber librement sur ses épaules. Chacun de ses mouvements était empreint d'une grâce harmonieuse et d'une sensualité subtile. Donadey ne pût s'empêcher de penser que ce crétin de Tony aurait pu mieux faire que de courir la gueuse estivante.

— Nous étions très pauvres. Nous vivions dans la petite maison que vous avez dû voir, l'autre matin, derrière l'église. A l'époque elle n'était pas comme ça, c'était une ruine ! Maman était souvent malade, je m'occupais beaucoup de mon frère, Victor. Lorsque nous sommes allés chez la gouvernante du curé, après la mort de maman, c'était beaucoup mieux, mais elle n'était pas riche, non plus ; j'ai continué à m'occuper de Victor. Oui, lorsqu'il est parti, j'étais triste, mais aussi très heureuse pour lui. Et puis, on se revoit chaque été.

Le récit de Lisa avait plongé Donadey dans une profonde rêverie. Il avait abandonné les croissants et semblait concentrer toute son attention sur le fond de sa tasse.

– C'est drôle, énonça-t-il soudainement, comme le parfum du jasmin persiste dans la mémoire après tant d'années... Il n'acheva pas sa pensée. La maison, c'est celle où vous habitez maintenant ?

– Oui, lorsque notre deuxième mère est décédée, elle a laissé quelques économies. J'ai rachetée la bicoque et je l'ai réparée. Joseph, le maçon du village, m'a aidée.

– En somme, reprit Donadey, après le départ de Victor, vous vous êtes occupée de Tony... Peut-être qu'il est temps qu'il se débrouille tout seul, celui-là, vous ne croyez pas ? Sans répondre, elle se leva, alla prendre la cafetière et remplit la tasse de Donadey. « Je ne sais pas », soupira-t-elle. Lisa rassembla les papiers épars sur le bureau, les rangea dans un tiroir et prit ses affaires. « Je pense que vous attendez d'autres personnes, Monsieur le commissaire, je reviendrai plus tard ... ».

Quelques minutes après le départ de Lisa, le professeur Rocambert entra d'un pas ferme et décidé. Il emplit immédiatement l'espace du bureau dont chaque chose parut lui appartenir à l'instant. Tout chez lui respirait l'énergie. Menton carré, bronzage sportif, voix bien timbrée, jusqu'à son regard dont la teinte chaude aurait pu être seulement caressante, mais qui se posait sur le monde avec une assurance indisputablement autoritaire. Le professeur Robert Rocambert, cardio-chirurgien de grande réputation, ne semblait pas pouvoir imaginer une seconde qu'on ne lui obéisse pas avec promptitude et enthousiasme.

Il jeta sa raquette sur le bureau en riant. « Vous jouez au tennis, commissaire ? Figurez-vous qu'il n'y a même pas un court potable ici ! Le maire a installé un filet dans l'ancienne citerne, le bassin carré comme on l'appelle ici ; c'est bien le seul endroit au monde que je connaisse où on joue sur du ciment ! Enfin, concéda-il en écartant les bras, c'est toujours mieux que rien, n'est-pas ? Mais, entre nous, au lieu de financer ce ridicule feu d'artifice du quinze août, Francis Rosely aurait mieux fait de sponsoriser la création d'un vrai court ! »

Sans laisser le temps à Donadey de poser une question, il enchaîna : « Je suppose que vous m'avez fait venir pour parler des circonstances de la mort de cette pauvre Isabelle. Nous sommes – de Marcilly et moi – sans doute, en effet, probablement, parmi les dernières personnes à l'avoir vue vivante. Il croisa les jambes et rassembla l'extrémité de ses dix doigts comme pour exposer le protocole d'une opération à cœur ouvert. « Voyons... Nous sommes restés pratiquement toute la soirée avec Isabelle. Au bal, d'abord ; tout le monde a pu nous y voir, nous étions tout un groupe. Ensuite, nous avons fait un bout de conduite à Paul, Paul Mertz, qui prétendait se sentir fatigué. A mon avis, il boudait... »

– Pour quelle raison ? réussit à placer Donadey qui se rappela que Ponderose avait utilisé le même terme.

– Oh, je crois que ce n'est un mystère pour personne, Rocambert sourit finement. Il avait un gros faible pour Isabelle. Enfin, un faible, c'est un euphémisme, vous me comprenez. Paul est un homme de passions ! Un sanguin ! Je crois qu'il avait fait quelques tentatives, sans grand succès, j'en suis convaincu...

– Et pourquoi aurait-il « boudé » plus particulièrement ce soir-là ?

Rocambert esquissa une moue « Voyez-vous, Monsieur le commissaire, Isabelle était une femme charmante, très vive, une âme légère... Je n'ai pas dit, *une femme légère*, n'est-ce pas, ne confondons pas ! Elle était vive, gaie, primesautière... Quel malheur tout de même... ! Elle était très flirt, n'est-ce pas ! Beaucoup d'hommes se laissaient ensorceler par ses charmes. Isabelle était toujours très entourée, comme d'ailleurs ce soir-là au bal. Les hommes comme Paul, qui, entre nous, devraient penser à leur santé, supportent mal la concurrence, surtout lorsque la concurrence est en pleine forme et bien bâtie !

– Comme Tony Escola, par exemple ?

– Par exemple, en effet... admit-il du bout des lèvres.

– Donc vous avez raccompagné votre ami... jusqu'où exactement ?

– Nous l'avons laissé devant l'hôtel Miramar. Puis nous sommes revenus tranquillement vers le village. Je me souviens qu'en chemin Isabelle se moquait gentiment de Paul.

– Vous vous souvenez de ses paroles ?

– Pas exactement ; elle plaisantait, mais j'ai cru comprendre qu'elle trouvait que Paul était un peu collant, un peu insistant. Voyez-vous, Paul ne boit que son champagne, mais il commence tôt, dès le matin. Aussi, il n'est pas étonnant qu'en fin de journée, il lui arrive parfois d'être un peu tête de cochon. De Marcilly a conseillé à Isabelle de prendre ses distances, mais comment voulez-vous éviter quelqu'un sur cette île ?

— Et après ?

— Arrivés devant l'Arche, Isabelle nous a quittés et est entrée dans l'hôtel. De Marcilly et moi avons poussé jusqu'au port en fumant un dernier cigare et en bavardant. Puis nous sommes rentrés à l'hôtel nous aussi.

— Quelle heure était-il ? demanda le commissaire, ne se faisant aucune illusion sur la réponse.

— Quelque chose comme onze heures et demie. En revenant, nous avons vu la fin du feu d'artifice.

***

Après avoir raccompagné Rocambert jusqu'à la grille du jardinet, Donadey resta un moment à contempler le spectacle du village au matin. L'épicier d'à côté empilait à grand bruit des casiers de bouteilles vides sur une camionnette délabrée qui ne servait quasiment qu'à faire l'aller-retour avec l'embarcadère. Son chargement terminé, il démarra dans un nuage de fumée bleue, puis le calme revint. Une bande de moineaux s'ébrouaient dans une mare laissée par l'arrosage des bacs à fleurs de l'Arche, l'odeur de la terre humide se mêlait aux senteurs des eucalyptus de la place, des roses du jardinet, avec un soupçon de jasmin, venu d'on ne sait où. Gens du village et vacanciers mélangés venaient faire leurs courses et repartaient avec des couffins débordant de fruits et de légumes après un détour par la boulangerie voisine. Tout ce monde se croisait, se saluait, s'arrêtait pour échanger des nouvelles sans intérêt sur le beau temps, sur les uns et les autres, sur le nombre de jours qui leur restaient en villégiature avant de « reprendre le collier » à Paris, Marseille, Rennes ou autres lieux. Donadey aperçut le maire et le curé en grande discussion au milieu de la place. Deux systèmes pileux en présence. Le curé, court et large, une barbe fournie s'étalant sur la poitrine, cheveux drus taillés en brosse. Le maire, plus grand, moustache gauloise et front dégarni. Donadey s'amusa un instant à deviner le sujet de leur conversation, puis ses pensées dérivèrent vers Lisa et les ruelles derrière l'église. Deux chiens passèrent langue pendante, produits indéfinissables de rencontres de hasard entre les espèces locales et la faune estivante. Ils trottaient affairés vers un but connu d'eux seuls, suivis d'un toutou blanc frisé qui avait dû échapper à ses maîtres. Donadey sourit en pensant que cela au moins n'avait pas changé, c'était toujours l'île aux chiens ! Il aperçut encore Francis Rosely se dirigeant vers un banc, sa liseuse sous le bras, ainsi que Sylvain Sylvestre adossé à un arbre non loin, puis il rentra dans la mairie et, en attendant le visiteur suivant, feuilleta une brochure aux pages cornées vantant les paysages et les beautés de l'île.

***

Autant Rocambert était un personnage sonore et flamboyant, autant de Marcilly pouvait passer inaperçu. Il était entré sans bruit et avait pris place sur la chaise paillée après en avoir courtoisement demandé la permission. Le commissaire se dit que pour un avocat, renommé de surcroît, il était d'un extérieur singulièrement modeste. Rien du verbe haut de certains ténors du barreau qu'il avait pu croiser dans sa carrière. Des paroles peu charitables de Rocambert à propos de son ami lui revinrent à l'esprit : « *de* Marcilly… Oui, il est exact qu'il est bien natif *de* Marcilly, en Normandie… » Origines probablement modestes, intelligence supérieure à la moyenne, ambition à la mesure de ses capacités, soif de reconnaissance sociale. Le personnage devait être complexe. Donadey le catalogua dans la catégorie des retors économes de leurs moyens. Ce n'était pas le genre à s'époumoner pour faire pleurer les jurés. Il devait plutôt être redoutable sur les procédures.

Sans surprise, l'audition de l'avocat confirma point par point le récit du cardiologue. Donadey nota toutefois avec amusement que de Marcilly avait laissé entendre de sa voix égale que Rocambert, de son côté, s'était activement démené pour capter l'attention, et plus, d'Isabelle Rosely. « Il lui donnait des cours de tennis au bassin carré ! C'était ridicule ! D'ailleurs, ça ne pouvait pas marcher. Elle était nulle et il n'a aucune patience ! »

***

De Marcilly parti, Donadey revint à son poste d'observation à la grille du jardin. Deux ou trois autochtones le saluèrent. Il commençait à faire partie du paysage. Une robe rouge apparut dans son champ de vision. Lisa vint à lui souriante. « Si vous n'avez pas besoin du bureau tout de suite, je peux continuer mon travail ? » Il la laissa passer et fit quelques pas en direction du présentoir des cartes postales.

Toujours à peu près les mêmes vues, toujours à peu près sous le même angle : la plage d'Argent, celle de Notre-Dame, les calanques, l'église, des pointus ; quelques motifs de genre également : la bouillabaisse, des pompons rouges, des couchers de soleil. Les mêmes que lorsqu'il était gamin, sauf qu'elles étaient toutes en couleur maintenant. Il repéra parmi elles quelques rééditions de cartes postales anciennes et entra dans le magasin.

La jolie femme blonde assise derrière la table en bois qui servait de comptoir achevait d'emballer une cigale-cendrier en céramique de belle taille. Elle jeta un coup d'œil au nouvel arrivant et encaissa le prix de l'objet d'art, tandis que l'acheteuse, une grosse dame serrée dans un paréo à motif floral, expliquait avec force détails à qui était destiné le cadeau. La jolie femme blonde écoutait en souriant et surveillait Donadey à la dérobée. La grosse dame quitta enfin le magasin son paquet sous le bras. Donadey déposa sur la table les trois cartes qu'il avait choisies.

– Vous allez rester longtemps parmi nous ? lui demanda-t-elle en glissant les cartes dans une enveloppe.

– Le temps qu'il faudra. Elle prit le billet qu'il lui tendait et rendit la monnaie. Il reprit plus aimablement : vous n'êtes pas du village, n'est-ce pas, Madame...

– Geneviève. Non je viens de Toulon, enfin, j'habite et travaille à Toulon. Je fais, comme on dit, la saison ici depuis trois ans. Je suis photographe et... marchande de souvenirs. Elle rit, en balayant d'un geste gracieux le bric-à-brac du magasin.

— Marchande de souvenirs, c'est un beau métier ! observa Donadey en souriant ; enfin, cela dépend de la marchandise que l'on vend. Il y a parfois des souvenirs que l'on aimerait retirer de la circulation...

— Vous avez tant de mauvais souvenirs que cela, commissaire ?

Il éluda la question en marmonnant une phrase incompréhensible, tout en feignant d'examiner divers objets.

— Vous connaissiez Isabelle Rosely ?

— Un peu, elle passait quelquefois à la boutique. Oh ! Pas pour acheter des cigales ou des carapaces de crabe vernies ! Simplement pour bavarder.

— Elle vous a paru inquiète, tendue, récemment ?

— Pas du tout ! Au contraire ! Elle était encore plus gaie que d'habitude.

— Et elle ne vous a fait aucune confidence ?

— Non. Seulement, elle m'a demandé une fois si elle pouvait téléphoner à Paris de la boutique, ce que j'ai trouvé un peu bizarre.

— Je suppose que vous ne savez pas de quoi il s'agissait ?

— Je suis discrète, commissaire, je l'ai laissée seule un moment, ce n'a pas été long d'ailleurs.

— Vous auriez une objection à ce qu'on recherche le numéro qu'elle a appelé ?

— Geneviève rit. Personnellement, je n'ai rien à cacher. Faites ce qui vous sera utile. Elle soupira. D'ailleurs, parfois, j'aimerais bien avoir un peu plus de choses à cacher... La vie serait un peu moins monotone... Donadey n'écoutait plus. Il ramassa l'enveloppe et sortit en promettant de revenir.

X

Lisa était à son poste derrière le bureau. Elle répondit à la mimique interrogative du commissaire : « Je rassemble les papiers pour le mariage de la fille du boulanger. Elle se marie avec quelqu'un de Marseille, mais le mariage sera célébré ici. Au fait, votre adjoint a téléphoné il y a dix minutes, il veut que vous le rappeliez. »

La voix de Renart était lointaine. « Patron, nous avons un problème : sur le registre du stand que nous a donné Gérard, sont répertoriés huit carabines et trois pistolets. Nous avons bien reçu les carabines, mais seulement deux pistolets. Vous pourriez vérifier si ce crétin n'en a pas gardé un ? A part ça, les tests balistiques sont négatifs, ce n'est pas avec les armes que nous avons que l'on a tiré sur madame Rosely. On lui renverra tout son fourbi lorsqu'il nous aura trouvé le pétard manquant. »

Donadey soupira et se dirigea vers le Petit Bar où il comptait bien trouver Gérard qui lui avait paru être un homme d'habitudes. Effectivement le forain était attablé dans un coin de la terrasse avec son employé. Ils avaient visiblement commencé tôt.

– Eh bien, vous ne vous en faites pas vous deux, c'est les vacances !

Gérard leva un œil mauvais sur le commissaire. « Qu'est-ce que vous voulez qu'on fasse d'autre ? Vous nous avez mis au chômage technique, tous nos outils sont chez vous ! »

– Justement, rétorqua Donadey en s'asseyant à la table des deux compères qui ne parurent pas ravis, il semblerait qu'ils n'y soient pas tous. Votre registre indique trois pistolets et vous ne nous en avez remis que deux. Il en manque un ! Où est-il ?

Gérard ne se démonta pas. « En réparation, à Toulon. Je peux vous montrer le reçu de l'armurier, c'est celui de la rue d'Alger. Vous devez le connaître ». « Encore une fausse piste ! » s'irrita Donadey mécontent de ne pas avoir envisagé cette possibilité. Il passa sa déception sur le forain. « Vous auriez dû nous le signaler ! Ce n'est pas un bon point, ça, Gérard ! »

Sylvain, calé dans son siège, gardait le silence et faisait tourner lentement son verre de pastis entre ses doigts. Il ne regardait ni le commissaire, ni son patron. Celui-ci se mit à geindre : « faut comprendre, Monsieur le commissaire, avec toutes ces histoires, on n'a plus la tête à soi ! » Il se tourna vers son employé, « ça me fait penser que je voulais appeler l'armurier, parce que le pistolet, il nous l'avait promis, réparé, il y a trois jours. Je comptais dessus pour la fête ! Vous voyez, commissaire, je l'avais vraiment oublié ! » Donadey grogna qu'il avait intérêt à se tenir à carreau et à soigner sa mémoire. Il se leva, les laissant à leur breuvage.

De retour à la mairie, il rappela Renart et lui demanda de vérifier les dire de Gérard auprès de l'armurier et du capitaine de l'Oiseau des îles à qui il était censé avoir confié l'arme.

Donadey sortit acheter une canette de bière et de quoi se faire un sandwich. Il ne se sentait pas de déjeuner encore une fois à la pizzeria ni de supporter le bavardage du maire à l'hôtel. Assis à califourchon sur la chaise paillée devant la fenêtre, il finissait sa bière en suivant vaguement des yeux les rares passants. Il était aux environs de midi. L'air brûlant de la rue pénétrait par la fenêtre et chassait rapidement les restes de fraîcheur matinale que le bureau avait conservés depuis le matin. Insulaires et vacanciers étaient, soit à la plage, soit à table, et ne réapparaîtraient pas avant la fin de la sieste. Le village allait plonger dans la torpeur méridienne.

Lisa était partie. Il hésitait à remonter vers l'hôtel, quand un garçon grand et maigre, les cheveux noirs en bataille, surgit soudainement devant la grille qu'il poussa violemment. Il aperçut Donadey à la fenêtre et, sans prendre la peine d'entrer, se précipita vers lui.

– Monsieur, Monsieur ! s'écria-t-il en reprenant son souffle, on a trouvé un pistolet !

– Entre ! commanda Donadey. Qui « on » et où ?

– Sur la route, en face du Miramar. On n'y a pas touché ! Mon copain Julien est resté là-bas pour le garder. Moi, c'est Justin ! précisa-t-il en se désignant de l'index.

Le commissaire prit dans la sacoche un sac en plastique et une étiquette, bénissant Renart qui pensait à tout ; il tira la porte de la mairie et ils se mirent en chemin. Justin raconta au commissaire comment, en revenant de la plage avec ses copains, ils se faisaient des passes sur la route avec un ballon. Julien en avait manqué une, le ballon avait roulé dans le fossé, « juste là où il y a une sorte de petit pont en ciment, en face de l'hôtel, vous voyez ? » Donadey voyait très bien, il était passé par-là bien des fois. « Il a roulé sous le pont et lorsque Julien a avancé la main pour le récupérer, il a découvert le pistolet ».

Ils arrivèrent en quelques minutes. Le commissaire aperçut d'abord Julien, debout au bord du fossé, puis deux autres garçons assis sur le talus en face. Donadey s'agenouilla, écarta les touffes d'herbes folles qui proliféraient et regarda sous le pont. A une vingtaine de centimètres de l'entrée du petit tunnel on pouvait très nettement distinguer la crosse et la culasse d'une arme, le reste se perdait dans la terre et un amas de feuilles. Il retira le pistolet, de toute évidence une arme de tir du genre de celles en usage chez les forains, et le plaça dans le sac. Il regarda autour de lui. Du petit pont partait une piste assez large pour être carrossable à son début, mais qui se perdait ensuite dans la garrigue. Plusieurs fois il avait accompagné son père à la chasse par-là, ou aux champignons dont ce dernier rapportait toujours des paniers entiers à l'automne. Une idée lui traversa l'esprit :

il pensa tout à coup que son père avait appartenu à l'espèce des cueilleurs-chasseurs primitifs. Chasseur, cueilleur, séducteur, prédateur. Il ramassait. Gibier, végétaux, femmes. Le chemin rejoignait la crête des petites collines et aboutissait au Langoustier, à l'extrémité ouest de l'île. Le mistral soufflait de là, chargé d'effluves de romarin, de myrte et de résineux. Les garçons attendaient, recueillis comme des enfants de cœur. Il émergea de sa rêverie. Presque en face du pont se dressait la façade de l'hôtel Miramar, construction basse couverte de bougainvilliers dont les tons rouges et mauves se mariaient à la couleur ocre des murs. Au-delà, entre la route et la mer, les quelques villas dont s'était occupé Renart. Il se pencha à nouveau vers le fossé qui ne présentait rien de particulier. « On ne voit pas grand-chose, grommela-t-il, il faudrait une lampe ». « J'en ai une, M'sieur » proposa Robert qui lui tendit une lampe-torche de belle dimension.

– Qu'est-ce que tu fais avec ça en plein midi ?

Justin intervint : « on était partis pour explorer les ruines du fort du Langoustier, puis, finalement, on n'y a pas été... »

– Les ruines ! C'est malin ! Pour se prendre un pan de mur sur la tête !

Les garçons gloussèrent, un peu gênés quand même. Donadey balaya la cavité du rayon de la torche, mais ne décela rien d'autre.

Sur le chemin du retour il commanda à Justin, qui lui paraissait le plus rapide, de trouver les deux forains, au Petit Bar ou à l'Escale, et de les ramener à la mairie. «Pas un mot sur le pistolet, et s'ils font des difficultés tu leur dis qu'ils n'ont pas intérêt à ce que je doive me déranger ! » Justin partit comme une flèche, ravi de jouer les sheriffs adjoints.

À la mairie, Donadey s'installa derrière le bureau, le sac en plastique contenant l'arme bien en évidence ; les trois garçons, assis à l'extérieur sur le parapet de la piste de danse, attendaient tout excités le retour de Justin. Celui-ci apparut précédant les deux forains qui suivaient en traînant les pieds. Il rejoignit ses copains. Il secoua la main, « je crois qu'ils en tiennent une !. Ils ont commencé par me traiter de tout, mais quand je leur ai dit que le commissaire faisait la gueule, ils se sont levés ! »

Donadey ne leur laissa pas le temps de s'installer, il désigna le sac du doigt : « ça vous dit quelque chose ? » Les deux compères, qui étaient entrés avec l'air maussade d'enfants butés, firent un effort de concentration et tournèrent leur regard dans la direction indiquée. Donadey ne les perdait pas de vue. Le premier à réagir fut Sylvain. Il eut un haut le corps et ses sourcils s'arrondirent comiquement. Gérard, visiblement, ne comprenait pas.

– *Monsieur* Gérard, Donadey appuya sur l'appellation à laquelle semblait tenir le forain, cette arme ne vous rappelle vraiment rien ?

Gérard émergeait lentement des brumes éthyliques dans lesquelles il flottait. Il bredouilla « ça ressemble à nos pistolets, mais je ne vois pas… »

A ce moment la porte s'ouvrit et Lisa passa la tête, elle parcourut du regard le petit groupe et s'adressa à

Donadey : « votre adjoint n'arrivait pas à vous joindre tout à l'heure, il a laissé un message au maire. Il vous fait dire que le colis de Toulon a été réceptionné par Monsieur. » Elle désigna Sylvain du regard. « Il a dit que vous comprendriez ». Elle sourit et se retira. Donadey sortit le pistolet du sac sans le toucher et le montra au forain. « Regarde bien Gérard, c'est le tien ou pas ? » Le forain hésita à peine : « ben, je crois, il y avait la même entaille sur la crosse... »

Donadey se retourna vers Sylvain qui s'était rapproché de la porte. « Ne bouge pas Sylvain ! » Il plongea la main dans la sacoche ouverte à ses pieds et en retira une paire de menottes qu'il passa au forain. « Sylvestre Sylvain, vous êtes en état d'arrestation pour le meurtre d'Isabelle Rosely ! » L'autre hurla « c'est pas moi ! Je n'ai tué personne ! » Gérard, complètement dégrisé, ne comprenait toujours pas davantage. Sylvain continuait à clamer son innocence. « C'est vrai, j'ai réceptionné le pistolet réparé à l'arrivée du bateau de Toulon. Il est arrivé le matin de la fête. Je l'ai rapporté tout de suite au stand. Monsieur Gérard n'était pas là. Alors, je l'ai rangé et j'ai oublié de le lui dire. Dans l'après-midi, il y a eu beaucoup de monde, alors, je l'ai mis en service avec les autres ». Il s'interrompit pour reprendre son souffle.

– Et alors ? demanda le commissaire.

– Alors, à un moment, j'ai constaté qu'il manquait, il n'était plus sur le comptoir.

– Tu te fous de moi, Sylvain ! Tu veux me faire croire que l'arme a disparu comme ça, sous tes yeux ?

A cet instant, Gérard qui n'avait dit mot, se leva d'un bond et lança dans la figure de son employé un coup de poing heureusement mal ajusté. « Salaud ! Et tu n'avais rien dit ! Tu me mets dans la merde et tu fais comme de rien ! » Il essaya de frapper Sylvain à nouveau, mais tenait mal sur ses jambes. Donadey le retint sans peine et le força à se rasseoir. Il fouilla dans ses poches à la recherche du numéro de téléphone que les gendarmes lui avaient laissé avant de quitter l'île, le numéro de leurs collègues de la Marine auxquels il pourrait faire appel en cas de besoin. Les gendarmes maritimes l'assurèrent qu'ils seraient à la mairie dans le quart d'heure.

Donadey fit sortir Gérard en lui ordonnant de se tenir à sa disposition dans sa chambre à la pension et poussa Sylvain sur une chaise. Lui-même s'assit sur un coin du bureau.

« Pourquoi tu as fait ça, Sylvain ? »

L'autre secouait la tête. « C'est pas moi ! C'est absurde, commissaire ! Je sais, j'ai déconné en essayant de cacher la disparition du pistolet. J'espérais pouvoir le retrouver. Mais je n'ai tué personne ! Je ne la connaissais même pas cette dame ! C'est lorsque vous m'avez interrogé, la première fois, que j'ai compris que c'était elle qui dansait au bal, sexy et tout ! »

– Supposons, je dis bien supposons un instant, que tu dises vrai. Raconte-moi exactement ce qui s'est passé le quinze. A quelle heure tu as mis le pistolet en service ?

– Je ne sais pas exactement, mais un peu avant que les mariés sortent de l'église. Il y avait beaucoup de monde au stand, ça marchait bien.

– Qui a tiré en dernier avec ce pistolet ?

– Sylvain prit un air misérable. « J'en sais rien ! Je veux dire, je ne sais pas qui a tiré avec quelle arme ! Il y avait du monde, les pistolets ne restaient pas forcément à la même place, et puis, il fallait aussi s'occuper des carabines... »

– Eh bien ! Bravo pour les règles de sécurité ! Ton patron, sa licence, elle me paraît mal barrée ! Et les cartouches ?

Sylvain, toute superbe évanouie, se décomposait un peu plus à chaque minute. « Commissaire, quand il y a du monde et qu'un client achète pour, disons, cinq coups, pour aller vite, on en met une petite poignée sur le comptoir et il se sert. Il y en a cinq, parfois six... C'est seulement lorsque ce sont des minots ou des femmes qu'on charge l'arme pour eux... »

– Ben voyons ! De mieux en mieux, c'est le self-service !

L'interrogatoire fut interrompu par l'arrivée des gendarmes. Ils prirent livraison du prisonnier. Avant leur départ, Donadey prit le bras de Sylvain : « tu vas être transféré demain à Toulon. Fais marcher ta mémoire ! Si d'ici-là tes souvenirs se précisent, ces messieurs sauront où me trouver ! »

Il les accompagna jusqu'à la grille. De l'autre côté de la rue, les quatre garçons ne perdaient pas une miette du spectacle, ravis que, cette année, un événement de cette taille vienne rompre la monotonie des vacances.

Il rentra à la mairie et appela Renart pour l'informer de la tournure que prenait l'enquête.

– Vous croyez vraiment que c'est lui, patron ? A la réflexion, je ne le sens pas. Sylvain, c'est juste une petite frappe de Martigues, bon pour des combines à la noix. Je ne le vois pas tuer une bonne femme sans motif sérieux.

– Le problème, c'est justement que, jusqu'à présent, des motifs solides pour assassiner Isabelle Rosely, je n'en vois pas beaucoup ! Il chassa de son esprit l'image de Lisa.

– Patron, j'ai rassemblé quelques infos sur les journaux de Rosely et sur l'entourage, comme vous me l'avez demandé. Je pars ce soir faire un aller-retour à Paris pour creuser un peu plus. Je pense être revenu à Porquerolles après-demain.

– Qui allez-vous voir ?

– Les collègues de la brigade financière et un vieux copain journaliste.

Donadey hocha la tête comme si son adjoint était en face de lui. « Excellent, Renart, excellent ! »

Il raccrocha. Assis dans le fauteuil pivotant, il se balançait, indécis. Renart avait raison, bien sûr, Sylvain n'était pas le coupable parfait, malgré des apparences défavorables, mais il n'était pas inutile de l'avoir sous les verrous... Il se rendit compte soudain qu'il avait oublié de confier l'arme aux gendarmes et chercha un endroit pour la ranger, ainsi que la sandale. Il ouvrit quelques tiroirs. Dans l'un d'eux il tomba sur une pile de chemises en carton nettement classées et étiquetées : « *Maths* », « *Histoire Géo* », « *Français* »... Il sourit en ouvrant la chemise « *Français* ». Il lut une ou deux copies écrites par Lisa. Il trouva que c'était bien. Il aurait eu du mal aujourd'hui à composer sur ces sujets. Il referma la chemise et replaça la pile dans le tiroir, un peu honteux, comme s'il avait pénétré par effraction dans l'intimité de la jeune fille. Il demanderait au maire de mettre les scellés à l'abri dans son coffre.

Lorsqu'il franchit le seuil de l'hôtel, la première personne qu'il croisa fut précisément le maire qui le conduisit dans son bureau. Un coffre impressionnant par sa taille et son âge y trônait. Il y plaça les deux sacs puis tous deux se dirigèrent vers le bar. « Vous avez une invitation pour ce soir, commissaire. Les amis de monsieur Rosely vous invitent à dîner chez moi. »
– Délicate attention !
– Qui ne fera peut-être pas plaisir à mon amie la patronne de l'Arche qui aurait sûrement aimé vous avoir… Ha ! Ha ! Puis il ajouta en baissant la voix : ils ont aussi invité monsieur Rosely, pour le distraire un peu, le pauvre ! J'ai arrangé un coin de la terrasse où vous serez tranquilles, à l'abri des regards.

La perspective de passer la soirée avec ces trois personnages, et particulièrement avec le veuf, n'enchantait pas Donadey qui se consola en se disant qu'il en sortirait peut-être quelque chose d'intéressant.

En attendant, il appela le demi beau-frère d'Isabelle qu'il informa du déroulement de l'enquête. « Ainsi vous tenez un suspect ! C'est très bien, c'est rapide ! Bravo commissaire ! Pensez-vous qu'il va avouer sous peu ? » Donadey tenta de tempérer l'enthousiasme du directeur de cabinet en lui faisant remarquer que d'une part, le suspect s'obstinait à clamer son innocence et que, d'autre part, on était incapable de le créditer d'un motif quelconque. « Allons donc, commissaire, ce n'est pas à vous qu'on va la faire ! Il a dû essayer de la violer, ou quelque chose comme ça ! Vous savez, c'était ma demi-sœur, je l'adorais, mais il faut dire qu'elle aimait bien chauffer les hommes... Votre suspect, je vois bien le genre d'individu, il n'a pas résisté à ses pulsions ! Elle n'a pas voulu, il l'a tuée ! » Donadey renonça à argumenter. Il assura le directeur de cabinet qu'il le tiendrait informé et attendit que ce dernier ait raccroché. Il n'avait pas mentionné que son adjoint était à Paris pour « creuser un peu plus ».

***

Le début du dîner fut sinistre. Rosely semblait dans les nuages, de Marcilly se contentait de sourire en lâchant à peine une banalité de temps à autre, et les tentatives de Rocambert pour, sinon égayer, du moins réchauffer l'atmosphère, tombaient à plat. L'alcool aidant, la conversation se ranima toutefois après les entrées. Le chirurgien, piqué de son manque de succès, se taisait. Ce fut de Marcilly qui prit la parole. De sa voix égale et claire, il raconta, plus à l'intention du commissaire que des deux autres qui devaient connaître l'histoire, comment il était devenu ce qu'il était.

– J'ai été élevé dans une ferme de Normandie, dans la Manche. Cette ferme et les terres alentour appartenaient à la famille d'Isabelle. Chez nous, on n'était pas vraiment pauvres, mais certainement pas riches ! La famille Thibottais venait chaque été en vacances dans une maison, je devrais dire un manoir, située tout près et c'est ainsi que j'ai connu Isabelle toute petite. Francis Rosely opinait de la tête en signe d'approbation tout en picorant un rouget dans son assiette. Nous avions quatre ans de différence. C'est à cette famille, au vieux Thibottais en particulier, que je dois d'avoir pu faire des études. Il aurait aimé assister à ma première plaidoirie. Il le disait assez ! Mais il est mort avant que je sois inscrit au barreau. Je l'ai toujours regretté. Il eut un silence et ajouta : il vaut mieux qu'il soit mort avant sa fille. Après la mort de sa première épouse il s'était remarié avec une amie d'enfance qui avait un fils un peu plus âgé qu'Isabelle, mais sa fille, il l'aimait plus que tout ! Il sourit. Et vous commissaire, que peut-on vous faire avouer ?

Donadey, d'ordinaire peu enclin aux confidences, sentit qu'il devait lâcher quelques bribes de son existence.

– Mes études, je les dois aux sacrifices d'une tante, et à une bourse de la République. Je suis infiniment reconnaissant envers les deux. Pour le reste, maître, vous connaissez la vie d'un flic...

– Alors, toujours la vieille question : pourquoi la police ?

– On pourrait demander : pourquoi avocat, pourquoi médecin, pourquoi éditeur ? Je ne sais pas si les réponses que vous fourniriez seraient les bonnes. En ce qui me concerne, je vais vous donner la réponse que je me sers à moi-même, qui est peut-être archi-fausse : je déteste les mensonges depuis tout petit, les postures et les impostures ! Faire son travail de flic, c'est faire tomber les masques.

– Rocambert tenta une plaisanterie et déclama : « Je hais les mensonges qui nous ont fait tant de mal… »

– La phrase du personnage aurait sonné plus juste si elle avait désigné les vrais menteurs ! coupa sèchement l'avocat. Mais je crois comprendre ce que vous voulez dire, commissaire : le travestissement de la lâcheté en parade, de l'intérêt particulier en vérité universelle et de la cruauté en sentences morales. Croyez-moi, le métier du barreau, lui aussi, jette une lumière crue sur les comportements humains !

– Rosely, qui n'avait jusqu'alors quasiment pas ouvert la bouche, murmura : « tout est dans les livres ! Relisez l'admirable Comédie humaine ! Balzac a tout dit ! »

Le chirurgien tapota l'avant-bras de son voisin et émit sentencieusement : « la littérature est une grande consolatrice, Francis ! ».

– A propos de littérature, reprit de Marcilly, quoi de neuf aux Editions du Berger ?

– Ah ! fit Rosely, s'animant tout à coup. Vous ne savez pas, mais notre jeune auteur, notre petit dernier, Aurélien Prune, est très bien placé pour le Renaudot ! Ce n'est pas le Goncourt, certes, encore que des surprises ne sont jamais à exclure, mais ce serait formidable ! Et il se plongea dans l'examen de la carte des desserts.

– En effet, approuva l'avocat, et cela ferait du bien aux Editions du Berger !

L'éditeur releva brusquement la tête. « Que voulez-vous dire ? »

De Marcilly écarta les mains, « mais rien d'autre que ceci : nous savons bien que le métier d'éditeur est difficile, et qu'un prix est une aubaine pour les finances de l'entreprise... ». Rosely grommela : « oui, oui, c'est cela... ».

Le maire qui s'était fait discret jusque-là, apparut sous le prétexte de proposer quelques desserts maison. Une discussion s'en suivit sur les mérites respectifs des sorbets et des tartes, suivant le point de vue de la santé ou de celui de la gourmandise. Donadey en profita pour observer les convives. Rocambert, en conversation avec le maire, tonitruait comme à son habitude, Rosely était concentré sur le choix du dessert et de Marcilly avait reposé la carte et écoutait, les mains jointes, un sourire amusé aux lèvres. Il n'avait pas échappé à Donadey que l'avocat, mine de rien, avait mené la conversation de la soirée de bout en bout.

XI

Le lendemain matin, Donadey se tenait à nouveau sur l'embarcadère, attendant la première navette en compagnie de deux gendarmes maritimes et de Sylvain Sylvestre. Après une nuit en cellule, pas rasé, et dans ses vêtements de la veille, il avait tout l'air du parfait coupable. Donadey échangea des cigarettes avec les gendarmes un peu surpris de l'état dans lequel étaient celles qu'il leur offrait. « Nos collègues de Toulon viendront le cueillir à l'embarcadère de la Tour Fondue, comme ça vous n'aurez qu'à faire l'aller-retour », les rassura-t-il. Le forain avait triste mine. Il se rapprocha du commissaire.

– J'ai rien fait, murmura-t-il sur un ton presque suppliant. L'arme, c'est quelqu'un qui l'a prise, je sais pas qui, mais c'est pas moi ! Dites, vous n'allez pas me faire porter le chapeau ! Pourquoi je l'aurais tuée cette dame ? J'ai essayé de me souvenir de la journée du quinze, Monsieur le commissaire. J'ai réfléchi. Je suis sûr que c'est quelqu'un qui s'est approché du stand. Je vous l'ai dit, il y avait du monde ! J'en suis sûr ! insista-t-il curieusement.

– C'est tout ce qui t'est venu à l'esprit pendant la nuit ?

– Faut comprendre, Monsieur le commissaire, protesta le forain, hier j'ai eu comme un coup sur la tête quand vous m'avez arrêté. C'est vrai ! Je ne pouvais plus penser !

Les gendarmes ricanèrent : « Sûr que ça ne doit pas être un exercice habituel chez toi ! »

– Ecoute, Sylvain, c'est un peu vague. Cherche bien, quand tu auras des souvenirs plus précis, tu me feras signe, d'accord ?

Les gendarmes et leur prisonnier montèrent à bord. Donadey n'attendit pas le départ du bateau.

***

En remontant vers le village, il s'arrêta à l'Escale prendre un café. Le bar était plutôt désert à cette heure, hormis deux ou trois insulaires revenus de la pêche. Le patron, chauve et replet, polissait les verres derrière le comptoir. Il s'adressa à Donadey : « alors, c'est lui l'assassin ? Il ajouta : ces forains, c'est tous des carácous, ça vaut pas grand-chose ! » Le commissaire regretta instantanément de s'être arrêté au bar. Il se contenta de grommeler que l'enquête suivait son cours, paya le café et sortit. Il était encore tôt. Il hésita à se rendre à la mairie, dont le maire lui avait confié la clé. La perspective de se retrouver assis seul derrière le bureau à contempler les étagères garnies de registres lugubres et de piles de journaux officiels jaunis, le déprimait par avance. Il pensa que Lisa, si elle venait aujourd'hui, ne passerait certainement que plus tard. Il avait frissonné sur le quai dans l'air frais du matin, les rayons du soleil lui chauffaient maintenant le dos agréablement, il déambula sans but vers la place. La marchande de légumes déballait ses cageots, elle le salua jovialement comme une vieille connaissance ; il longea la terrasse du Grand Hôtel dont les massifs de géraniums répandaient leur puissant parfum matinal, puis il remonta machinalement vers l'église. Il avait fait le vide dans son esprit, comme souvent lorsqu'il était arrêté au milieu d'une enquête, pour évacuer les mauvaises questions comme les mauvaises réponses, parce que la solution est en général à portée de main, pour peu que l'on considère le problème sous le bon angle. Il avançait donc, plongé dans une totale absence de pensées, lorsqu'il se rendit compte que quelqu'un l'interpelait avec insistance. Tiré de son néant, il aperçut à quelques mètres, installées sur le même banc que la fois précédente, Adèle et Génie qui lui faisaient signe d'approcher.

– Donadey ! s'écria Adèle. Donadey ! J'ai retrouvé le nom. Et le prénom aussi. Jean ! Elle eut un geste de la main comme si elle chassait un insecte importun. Marcel, c'était un autre…. Dites, on ne serait pas un peu parent ? J'avais un grand-père qui s'appelait comme ça, il venait de quelque part du côté de Nice ! Le commissaire admit que tout était possible, en effet, et engagea la conversation. « Vous êtes bien matinales ! » « Oh, c'est que la chaleur, c'est plus de nos âges ! Adèle rit. Alors on sort tôt le matin, et le soir, on se couche avec les poules. Sauf les soirs de bal, bien sûr ! »

— A propos de bal, le quinze août, vous deviez y être ?

— Bien sûr ! Toujours sur le même banc, près de l'estrade ! Il ferait beau voir que quelqu'un nous la prenne cette place ! Hein, Génie !

— Ça c'est bien vrai, Adèle !

Donadey se fendit d'un large sourire. Alors, vous pouvez me le raconter ce bal ?

— Alors vous, commissaire, quand vous souriez comme ça aux dames, il y en a pas une qui doit résister !

— Ça me rappelle... commença Génie.

— Oui, bon, coupa Adèle, qu'est-ce que vous voulez savoir ?

— Tout !

— Je m'en doutais !

— Si on commençait par madame Rosely ?

— Alors, celle-là ! Remarquez, on a toutes été jeunes, pas vrai ? Mais elle en faisait un peu trop ! Les hommes, croyez-moi, c'est comme les allumettes, vous les frottez un peu, et crac ! ça s'enflamme. Alors, pour sûr, de voir ce cirque, ça ne faisait pas rire les autres femmes ! Surtout les épouses et les petites amies.

— Vous voulez dire que c'est une femme qui l'aurait tuée ?

— Oh, moi, je ne dis rien du tout ! Je vous explique seulement ! Ça peut aussi bien être un homme, parce que la Isabelle, c'était une drôle d'allumeuse, c'est vrai !

Mais parmi tous ceux qu'elle a chauffés à blanc, je ne suis pas sûre qu'il y en a beaucoup qui ont pu... vous voyez ce que je veux dire... Alors, ceux-là, ceux qui n'ont pas pu..., vous voyez..., eh bien, ça a pu les rendre furieux ! Je dirais même, fous furieux !

Le commissaire soupesait les paroles de la vieille femme. « A part Tony, qui d'autre dans l'entourage ? »

– Vous voulez mon avis ? Je les ai vus au bal, Isabelle et lui. Il n'y avait que Tony pour elle. Quand on a un amant de cet âge, aussi beau, est-ce qu'on va s'embarrasser de vieux chiens en chaleur qui ont déjà la pelade ? Bien sûr que non ! Les autres, elle les faisait courir, ils étaient là pour la galerie !

Génie approuvait du chef, un sourire vague sur ses lèvres desséchées. Donadey sortit de sa poche son paquet de cigarettes, puis hésita. « Oh, vous pouvez fumer ! Ça ne nous dérange pas, pas vrai Génie ? Nos maris fumaient comme des cheminées. Ils en sont morts les pauvres ! »

Il rangea néanmoins le paquet toujours plus froissé et reprit : « Le soir du bal, vous avez vu Lisa ? »

– Elle est venue un moment. Elle a même dansé avec Tony.

– Elle a dansé avec lui alors qu'il était avec la bande à Isabelle ? Lisa a accepté ?

Adèle secoua la tête. « Tony, il ne se rend pas compte. C'est un gentil petit qui fait mal aux autres sans même s'en apercevoir. On les a bien vus tous les deux, hein Génie, même qu'on en a parlé après ! Il est sorti du groupe qui dansait avec Isabelle, tout sourire, il l'a entraînée sur la piste ; elle ne s'y attendait pas, la pauvre !

Ils ont juste dansé une danse, après, elle est partie. Moi, je lui aurais arraché les yeux ! »

— Elle vous a paru comment ? En colère ? Furieuse ?

— Monsieur le commissaire, n'allez pas lui faire des misères à cette petite ! Elle en a eu assez comme ça ! Le ton d'Adèle n'était plus à la plaisanterie. La main qu'elle appuyait sur la canne tremblait, mais ce n'était pas du fait de la débilité de l'âge, mais de colère. Elle fit un effort pour se lever. « Allez, viens Génie, on rentre ! »

— Attendez, Adèle, ne partez pas ! Pas tout de suite. Une dernière question : avant de partir, qui a-t-elle regardé ?

Adèle se rassit, perplexe. « Mais, personne... »

— Mais si, Adèle, souviens-toi ! Génie se pencha vers le commissaire. Quand la danse a été finie, Tony souriait. Il sourit tout le temps, celui-là ! Lisa l'a tenu à bout de bras. Comme ça... – elle allongea un bras tout frêle –, elle l'a dévisagé un instant, puis elle s'est retournée et elle a quitté le bal. Souviens-toi, ça nous a frappées !

— Oui, c'est vrai, marmonna Adèle, je me rappelle maintenant. Je ne voyais pas ce que vous vouliez dire.

— Adèle a raison, Monsieur le commissaire, il ne faut pas lui faire du mal à la petite. Et puis, vous savez, je me demande si à trop chercher de ce côté-là...

— Allez, l'interrompit Adèle plus doucement, mais fermement, viens Génie, nous sommes déjà restées trop longtemps dehors.

Donadey voulut aider Adèle à se lever, mais elle esquiva son geste. Il attendit que les deux vieilles dames se soient dépliées et déclara un peu cérémonieusement :

« merci pour cette conversation, et vous pouvez me croire Adèle, je ne ferai pas de misères à Lisa ! »

Elle le regarda en plissant les yeux, hocha la tête puis, le bras passé sous celui de son amie, remonta à petits pas en direction de l'église.

Donadey resta planté là un moment, fumant la cigarette qu'il s'était finalement décidé à extraire du paquet. Sous la semelle de corde de ses espadrilles, il sentait rouler les fruits coniques tombés des eucalyptus, il se souvint alors combien cela faisait mal lorsqu'il lui arrivait autrefois de marcher dessus pieds nus. Il arracha quelques feuilles d'une branche basse, les fourra dans sa poche et se dirigea vers l'hôtel.

***

Il marchait maintenant sur la route poudreuse depuis un petit quart d'heure. Il avait dépassé les premiers groupes de familles se rendant matinalement à la plage la plus proche du village et s'enfonçait vers le nord de l'île. A mesure qu'il avançait dans sa marche solitaire, le silence avait pris possession des pinèdes alentour. Seule la brise à la cime des arbres faisait entendre une sorte de plainte comme un souffle lointain. Petit garçon, cette respiration inhumaine l'inquiétait fort. Comme si un être incommensurable menaçait et veillait à la fois sur nos existences précaires. Aujourd'hui, il la ressentait comme une présence bienveillante, oubliée et retrouvée, réconfortante, laissant imaginer un moment qu'il peut exister autre chose que la misère, la cruauté et le désespoir qui étaient son pain quotidien. Il se laissait emplir de ce souffle ainsi que de l'écho lointain de la mer lorsque la route se rapprochait du rivage, et des riches odeurs des pins et des buissons qui bordaient le chemin.

Les souvenirs se bousculaient confusément dans sa tête. Depuis combien de temps n'était-il pas revenu sur l'île ? Douze ans, quinze ans ? Cette route, il l'avait faite à pied. Il croyait reconnaître les racines des pins qui disparaissaient dans les fossés comme des serpents noueux, les branches qui formaient voûte au-dessus de sa tête, les bornes miliaires moussues qui marquaient les distances, les roches qui affleuraient le sol ici et là. Il l'avait faite en jeep, avec son père, lorsque celui-ci allait pour quelque mission à la batterie des Mèdes. C'était comme s'il ressentait encore dans son dos le choc du siège de métal lorsqu'ils franchissaient à vive allure les passages de la route ravinés par les pluies.

Une pensée amère le fit revenir sur terre. Comment quelqu'un avait-il pu, dans ce coin de terre paradisiaque, ressentir suffisamment de haine pour tuer ? Pouvait-on se dessécher au point d'être insensible au sentiment de plénitude que dégageait cette nature, peut-être la plus équilibrée et la plus humaine qui soit ? Peut-être même pas de la haine, au fond. La haine est encore un sentiment humain. Il faut pouvoir juger l'autre digne de sa haine, de son attention haineuse. C'est une forme de respect, de reconnaissance. C'est la sécheresse de l'âme qui fait l'assassin. Il faut être mort à soi-même pour pouvoir tuer.

Parvenu à la hauteur de la plage Notre-Dame, il quitta la route et s'arrêta. La plage à laquelle un bosquet de roseaux donnait un petit air tropical, s'étirait, déserte ;

seul un petit voilier était au mouillage à quelque distance. Il se déshabilla et plongea nu dans la mer, n'ayant emporté ni maillot, ni serviette. Il se laissa sécher au soleil et au vent, puis reprit son chemin.

    La route ressemblait maintenant davantage à une piste que peu de véhicules devaient fréquenter. Au bout de quelques centaines de mètres il s'engagea sur la droite dans un sentier qui se mit à grimper au milieu d'une garrigue impénétrable où croissait une multitude d'espèces épineuses et odorantes d'où émergeaient par endroit des arbousiers couverts de fruits rouge-orangé. Les dernières dizaines de mètres étaient particulièrement raides. Des rigoles de sueur lui chatouillaient le dos, les ronces accrochaient ses vêtements et écorchaient ses bras. Il avait perdu le tracé du chemin et dut chercher un passage entre les rochers qui se dressaient en petites falaises, avant de parvenir au sommet.

    A peine avait-il passé la tête au-dessus de la crête que la force du vent le surprit. Le sommet de l'arête rocheuse formait un plateau étroit et allongé, il le traversa pour se rapprocher du versant tourné vers la mer. Il contourna çà et là des traces d'occupation humaine dont il ne restait que des débris au ras du sol. Qui avait habité ici ? Des pirates, selon la légende ? Des Sarrasins, comme le nom du lieu, « *le village maure* », aurait voulu le faire croire ? Des soldats surveillant la passe, plus probablement. Mais quels qu'ils fussent, ils avaient admirablement choisi le lieu. A cent quatre-vingt degrés, la vue portait de l'entrée de la rade de Toulon jusqu'à Brégançon. Rien n'avait dû échapper aux guetteurs d'alors.

Il n'était venu qu'une fois auparavant ; il devait avoir quinze ou seize ans, il était venu seul. Assis sur un rocher arrondi, le soleil lui brûlant les joues, baigné par le vent, il laissait les souvenirs affluer. Son père l'avait quitté sur la place en lui fourrant un peu de monnaie dans la main et se hâtait maintenant vers l'église, ou plutôt vers les ruelles derrière l'église. Cela lui revenait, ce n'était pas la première fois. Il avait été tenté de le suivre pour savoir où il se rendait chaque jour. Il se revoyait maintenant devant le mur de clôture à demi effondré d'une bicoque tassée au milieu d'un jardinet embroussaillé. Des vêtements de femme séchaient sur une cordelette tendue entre deux arbustes. Parmi eux, une robe avait retenu son regard. Puis il était parti droit devant lui sur la route qui n'avait guère changé depuis et avait abouti ici. Il s'était tenu à cet endroit même, au bord de la falaise et s'était dit – il s'en souvenait maintenant – que ce serait un beau jour pour mourir, chose que l'on se dit souvent à quinze ans, mais que l'on met heureusement rarement à exécution. Il secoua la tête et murmura : « ce n'est pas possible ! » Il se leva de son rocher et se retourna. Il sursauta alors en se trouvant face à Julien qu'il n'avait pas entendu approcher sous le vent.

Julien s'excusa. « Je vous ai fait peur, Monsieur ? »

– Qu'est-ce que tu fiches ici ? Donadey était à la fois irrité d'avoir été tiré brutalement de sa rêverie, mais pas mécontent non plus de voir Julien.

– J'avais envie de venir voir le village maure depuis longtemps. J'en entends parler depuis tout petit !

– Tu es ici depuis longtemps ?

– Ça fait bien un quart d'heure que je suis arrivé, mais je ne voulais pas vous déranger. C'est beau !

– Oui, acquiesça Donadey radouci, c'est beau.

Ils suivirent des yeux un moment le yacht de Ponderose sortant lentement du port avant de s'éloigner plein est. Le vent avait forci, ils vacillaient parfois sous les bourrasques. Ils se dirigèrent vers le versant moins exposé donnant sur l'intérieur de l'île.

– Qu'est-ce que tu veux faire plus tard ? demanda abruptement Donadey.

Julien les mains dans les poches hésitait. « Peut-être comme vous. L'année prochaine je commence le droit. »

« Le droit, ça mène à tout, comme on dit, mais flic, je ne suis pas sûr que ce soit une bonne idée. Pour toi, je veux dire. C'est un métier de chien ! Réfléchis bien ! De toutes manières, tu as encore bien le temps… »

La descente fut plus facile. Ils se retrouvèrent rapidement sur la route. Julien enfourcha le vélo qu'il avait laissé à l'entrée du sentier et ils se séparèrent.

Sur le chemin du retour le commissaire croisait des lève-tard, en groupe ou solitaires, se rendant paresseusement à la plage en fin de matinée. Il était aux environs de midi, le soleil, haut dans le ciel, n'était qu'à peine filtré par les branches des pins surplombant la route, d'où les cigales chantaient à tue-tête. De temps en temps un véhicule militaire passait dans un nuage de poussière, lui faisant regretter de ne rien avoir emporté à boire. Il repassait dans son esprit les réflexions auxquelles il s'était laissé aller au bord de la falaise et sa conversation avec Julien. Il se demanda ce qui lui prenait de dispenser des conseils. « Je tourne carrément au vieux con ! » La pensée fit naître un sourire sur ses lèvres.

Il arrivait en vue du virage surplombant le port. Devant les baraquements bas, tout en longueur, quelques matelots étendaient du linge et des vêtements de travail ; ils interrompaient leur tâche à chaque fois qu'un groupe de filles passait sur la route, muets, un sourire béat sur les lèvres, leur corbeille de lessive à leurs pieds, statufiés dans leur rêve. Cela non plus ne changeait pas beaucoup, se dit-il.

Il repassait dans son esprit les derniers événements. Non, décidément, Sylvain Sylvestre, malgré les apparences, n'était pas le coupable idéal. Le demi beau-frère en penserait ce qu'il voudrait, il n'allait pas le déférer au juge, il appellerait le service en rentrant à l'hôtel et le ferait relâcher. Cela inquiéterait peut-être le vrai coupable.

***

Au service, on lui confirma que Sylvain, non seulement n'avait rien avoué, mais qu'il n'avait cessé de clamer son innocence et de crier au coup monté. Il donna instruction de le libérer et de le mettre en filature à tout hasard.

Il avait déjeuné à l'hôtel, seul, le maire étant opportunément occupé ailleurs. L'après-midi était maintenant déjà bien avancé, la place se peuplait peu à peu de ses habitués, joueurs de boules, flâneurs et vacanciers revenant de la plage encombrés de parasols, de bouées et de serviettes. Des enfants de tous âges couraient dans tous les sens, des chiens aboyaient, des adolescents qui auraient préféré être ailleurs traînaient les pieds. Les adultes tentaient de mettre de l'ordre dans leur meute et s'interpelaient pour se donner rendez-vous à l'Escale, au Petit Bar ou à leur hôtel pour le premier verre de la soirée. Assis à la terrasse de l'hôtel devant une bière, il ne fixait aucun point en particulier, sa rétine dilatée absorbait le spectacle en bloc, mouvement, couleur, lumière. Cette agitation incessante et aléatoire, sans but apparent, de tous ces corps soumis à des sollicitations infiniment diverses, engendrait un ensemble de toute beauté, aussi cohérent qu'un tableau impressionniste. Gagné par un plaisant engourdissement, il venait de décider de s'octroyer une journée de réflexion lorsqu'une silhouette vint soudain occulter le spectacle et le tirer de sa rêverie.

– Me permettrez-vous, commissaire ?

Rosely s'était tout à coup matérialisé de nulle part. Il tirait déjà une chaise à lui et s'assit en face de Donadey. L'éditeur déposa son panama sur un siège voisin et essuya ses lunettes avec sa pochette. « Votre enquête avance, commissaire ? J'ai appris que vous aviez arrêté ce forain... A-t-il parlé ? »

– Je l'ai fait relâcher.

– Vraiment ? Rosely polissait ses lunettes avec application. Vous n'êtes pas convaincu de sa culpabilité ?

– Sans vouloir entrer dans les détails, il ne m'a pas paru nécessaire de le maintenir en détention.

– Votre adjoint a quitté l'île, n'est-ce pas ? Peut-être explore-il d'autres pistes ? Sans attendre la réponse, il poursuivit : *Renart*... avec un « *t* » ! Il m'a laissé sa carte.

C'est intéressant cette orthographe. *Renart*, du vieil allemand *Reinhardt,* très probablement. Plusieurs étymologies possibles ont cours, elles tournent toutes autour de « *conseil* », de « *fermeté* » ; certains y voient aussi une allusion au cœur. Quoiqu'il en soit, c'est un patronyme approprié pour un adjoint. Je suis certain qu'il est de bon conseil et de cœur avec vous.

Donadey était un peu dérouté par les divagations linguistiques de l'éditeur. Il se rappela une question qu'il voulait lui poser. « Votre épouse possédait-elle un imperméable, ou un ciré vert ? »

L'éditeur ne manifesta aucune surprise. « Oui, en effet. »

— Pourriez-vous vérifier s'il se trouve encore dans ses affaires ? Rosely hocha la tête. Je n'ai pas l'intention de vous retenir ici plus longtemps que nécessaire, Monsieur Rosely. Ce ne sera plus très long maintenant.

— Je reste à votre disposition, commissaire ; de toutes manières, qu'irais-je faire ailleurs ? Paris est mort au mois d'août ; ici, au moins, j'ai quelques amis.

Il se leva, ramassa son panama et fixant un point au-dessus de la tête de Donadey, déclara : « elle me manque, vous savez, elle me manque! »

XII

Donadey avait terminé sa journée de réflexion au *Trou du Pirate*. Il avait vaguement espéré y trouver Lisa, mais elle travaillait ailleurs, à l'Arche, probablement. Il dut se contenter de prêter une oreille patiente aux tirades du maire, très en verve sur ses entreprises futures. Son projet phare était le développement du port. « Aujourd'hui, commissaire, qu'avons-nous ? Une mauvaise jetée, qui abrite quelques dizaines de petits plaisanciers qui reviennent pour la plupart depuis des années, qui mangent et dorment sur leur coquille de noix et qui ne rapportent pas grand-chose à la commune. Moi, je vois grand ! Une marina ! Je quadruple la capacité d'accueil. Je développe la location, la maintenance ! Une clientèle viendra qui ne lésinera pas sur la dépense et, avec tout ce qui va rentrer dans les caisses, je peux vous dire que dans mes cartons, j'en ai encore de quoi faire ! »

Donadey pensait en lui-même qu'il trouvait tout très bien comme c'était, mais il ne se sentait pas le courage de tempérer l'enthousiasme de ce visionnaire qui, il le craignait, finirait probablement par avoir raison.

***

Levé assez tard le lendemain, il avait grimpé la petite côte jusqu'au virage qui dominait le port. Assis sur le banc, il tenait entre ses mains, à la manière d'un jeu de cartes, une dizaine de carrés de papier sur chacun desquels était écrit un nom :

Gérard Raymond
Sylvestre Sylvain
Rocambert Robert
Mertz Paul
De Marcilly Alain
Escola Tony
Rosely Francis
Lisa
Autre ?

Aucun de ces personnages n'avait d'alibi pour la nuit du meurtre d'Isabelle. Chacun avait un lien, plus ou moins ténu, ou étroit, avec la victime. Il commença par ranger dans sa poche gauche les deux premiers, auxquels il ajouta, avec une hésitation, le carré « *Tony* ».

Il mit ensuite dans une autre poche, celle des cigarettes, « *Rosely* » et « *Lisa* ». Il considéra un moment le papier « *Autre ?* » et le roula en boule. Restaient tout de même trois personnes sur lesquelles il n'avait pas vraiment d'opinion.

Le spectacle matinal du port s'étalait sous ses yeux. L'assassin était là, quelque part, il en était certain. Ce n'était pas l'œuvre d'un passant qui aurait quitté l'île après l'acte.

Plongé dans ses réflexions, il aperçut Julien montant du village en danseuse sur son vieux vélo. Arrivé à sa hauteur, le garçon, tout rouge, reprit son souffle et articula : « commissaire, il y a un autre mort ! »

***

Ils avaient traversé le village au pas de course jusqu'au bassin carré situé sur le chemin des calanques partant de derrière l'église. Dans cette ancienne retenue d'eau ressemblant à une vaste piscine profonde de trois ou quatre mètres, le maire avait fait installer un filet et les quelques accessoires nécessaires afin de donner à l'ensemble l'allure d'un court de tennis. Plusieurs personnes se tenaient sur le bord du bassin, parmi lesquelles Donadey distingua le maire, le cardiologue, les trois copains de Julien ainsi qu'une jeune fille qu'il avait déjà aperçue dans le village. Rocambert et la jeune fille étaient tous deux en tenue de tennis, une raquette à la main. Dans le bassin, un corps gisait sur le côté, les jambes bizarrement croisées, au pied des marches conduisant au fond de l'ancienne retenue d'eau. Donadey jeta un coup d'œil circulaire autour du corps puis s'approcha et souleva délicatement la tête. Les yeux grand ouverts, les traits figés par la surprise, Sylvain Sylvestre venait d'abandonner brutalement une carrière prometteuse de petit voyou. Des mouches avaient commencé à se rassembler autour d'une petite flaque de sang coagulé, coulé d'une blessure à la tempe droite. Donadey revint vers le groupe.

– C'est vous qui avez découvert le corps ? demanda-t-il, s'adressant au cardiologue et à la jeune fille.

– C'est moi, répondit Rocambert. Nous avions rendez-vous avec mademoiselle pour un jeu, mais je suis arrivé un peu en avance. Mademoiselle m'a rejoint quelques minutes après, quasiment en même temps que ces garçons. Le cardiologue, que la vue du sang ne devait pourtant pas impressionner, triturait le manche de sa raquette et ne paraissait pas du tout à son aise. Son regard allait du maire aux garçons, sans que Donadey qui l'observait puisse discerner s'il était inquiet ou irrité. La jeune fille, en revanche, ne semblait guère perturbée. Elle affectait une attitude détachée, comme si tout cela ne la concernait pas.

Justin crut bon d'expliquer : « Je suis parti avertir Monsieur le maire et Julien est allé vous chercher. Avec nos vélos on a fait vite ! »

– Qu'est-ce que vous veniez faire ici ?

– Oh, on passait juste, répondit Justin, on explorait les chemins.

La réponse parut à Donadey un peu trop innocente, mais il n'insista pas. « Monsieur le maire, on va faire venir les gendarmes maritimes pour les premières constatations et puis, je le crains, il faudra prévoir le même dispositif que pour le premier meurtre ».

– Un meurtre ! s'exclamèrent le cardiologue et le maire en même temps. Mais, vous ne croyez pas qu'il est tout simplement tombé ? s'étonna le maire.

– L'autopsie nous en dira plus, mais déjà, au vu de la blessure, ça m'étonnerait qu'il ait simplement raté une marche !

Le maire soupira. « Eh bien, les gendarmes, ils n'auront jamais autant travaillé que cette année ! »

***

Il avait fallu attendre les gendarmes, puis faire ensemble les constatations, prendre les dépositions et organiser avec eux le transfert de feu Sylvain. Cette fois-ci, le corps serait emballé sans délai et partirait pour Toulon le jour même. Vers treize heures Donadey, à jeun depuis le matin, était attablé en face du maire qui l'avait invité à l'hôtel. Celui-ci aurait bien aimé soutirer quelques confidences du commissaire, mais ce dernier était resté muet, concentré sur son assiette. Il avait auparavant informé Renart du nouveau meurtre et lui avait enjoint de revenir au plus vite. Renart était déjà à Toulon, retourné de Paris le matin même. En faisant vite, il pourrait être de retour sur l'île par la navette de seize heures.

Donadey avait convoqué Rocambert à quinze heures à la mairie, insatisfait de la déposition succincte que celui-ci avait faite devant les gendarmes.

– Professeur, nous allons reprendre les choses à zéro, peut-être vous souviendrez-vous de détails qui vous seraient sortis de la mémoire. Par quel chemin êtes-vous allé au bassin carré ?

Le cardiologue eut l'ait surpris. « Mais je n'en connais qu'un, celui qui part du village en longeant le cimetière. Je ne crois pas qu'il y en ait d'autres. »

– Vous aviez rendez-vous à onze heures, n'est-ce pas ? Vous jouez souvent avec mademoiselle... il consulta ses notes, Caroline Estaniol ?

Rocambert se tortilla sur sa chaise. « En fait, ce devait être la première fois. Elle m'avait demandé de lui donner quelques leçons. Amicalement, vous voyez... »

Donadey voyait tout à fait. Le cardiologue n'avait pas mis beaucoup de temps à changer de cheval. Isabelle disparue, il s'était rabattu sur une toute jeunette. Dans sa déposition, Caroline avait déclaré avoir dix-neuf ans. A tous les coups, c'était Rocambert qui lui avait proposé des leçons, pas l'inverse !

– Vous dites être arrivé vers onze heures moins cinq. Vous avez rencontré quelqu'un ?

– Non, personne.

– Vous avez vu le corps immédiatement ?

– Non, seulement lorsque Caroline est arrivée et que nous nous sommes dirigés vers l'escalier. Je ne m'étais pas approché du bassin auparavant, j'avais attendu Caroline au bord du chemin.

– Vous avez reconnu la victime ?

– Non, je l'ai déjà dit, nous ne nous sommes pas approchés du corps, nous sommes restés sur le bord du bassin. Maintenant qu'on me l'a dit, je vois qui c'est ce forain, mais je ne le connaissais pas. Je l'avais peut être vu à la baraque de tir, c'est possible, mais je n'ai pas fait attention à lui. Je ne l'aurais jamais reconnu !

– Vous avez tiré au stand ? demanda Donadey en souriant.

– Oui, une fois. C'est de Marcilly qui m'avait entraîné là-bas. Il prétendait qu'il était meilleur tireur que moi. Prétention grotesque ! J'ai quand même fait du tir en compétition !

– Et alors ?

– Alors ? Nous avons fait quelques cartons. Je l'ai battu, évidemment !

Rocambert semblait encore outré que l'on ait pu mettre ses talents en doute. Sa mâchoire paraissait plus carrée et son regard plus dominateur que jamais. Il allait ajouter quelque chose lorsque la porte s'ouvrit. Lisa passa la tête et, apercevant Rocambert, s'excusa et s'apprêtait à se retirer.

– Restez Lisa, nous avons fini, dit Donadey qui libéra le cardiologue en lui recommandant d'essayer de se rappeler les moindres détails de la scène du crime.

Lisa était restée sur le pas de la porte. Elle demanda : « vous avez un moment, commissaire ? » et fit entrer Tony. « Tony a des choses à vous dire. Je vous laisse. »

Donadey désigna une des chaises du doigt et se renversa dans le fauteuil.

– Eh bien ?

Assis de trois quarts sur une fesse, le jeune homme faisait pâle figure. Il triturait un trousseau de clés attachées à une manille en laiton, croisait et décroisait ses jambes et ne savait où mettre ses pieds. Donadey le laissa mijoter un moment avant de l'encourager.

– Alors ? Des choses à me dire ?

Tony prit une inspiration et commença : « voilà, c'est Lisa, elle m'a dit… Elle a dit que ce serait mieux que je vous parle… que je vous dise tout… »

– Tout quoi ?

– Ben, le soir du quinze août. Ce qui s'est passé. Je ne vous ai pas tout dit.

– Je m'en doutais un peu ! Raconte !

– Voilà, Isabelle, je l'ai revue, après le bal. On s'était donné rendez-vous sur le bateau. Pour qu'elle n'ait pas à traverser tout le village, je suis venu l'amarrer au ponton du Miramar, près de son hôtel.

– Ce n'était pas la première fois ?

– Non, le bateau, c'était pratique, c'était discret. Isabelle aimait bien ça, elle trouvait que ça faisait plus… « *aventure* », comme elle disait.

– A quelle heure elle est venue ?

– Il était presque onze heures et quart. Je le sais parce que c'est à ce moment que le feu d'artifice a commencé et je me suis dit qu'ils avaient un peu de retard.

– Donc, elle est montée à bord, et ensuite ?

– Ben, ensuite…

– Je veux dire, le bateau est resté au ponton ?

– Oui, oui, bien sûr !

– Donc, vous faites vos petites affaires, et ensuite ?

– Vers une heure, elle a décidé de partir. Il avait commencé à pleuvoir un peu. Elle a dit qu'elle ne voulait pas abîmer ses sandales dans le sable et qu'elle me les laissait jusqu'à la prochaine fois. Ça l'a fait rire. Ce que je ne comprends pas, par exemple, c'est comment les sandales se sont retrouvées à l'eau, parce que je les avais rangées dans un sac. Ce n'est pas moi qui les ai jetées, je vous le jure ! Après, elle m'a dit de partir parce qu'elle savait que je devais prendre des clients tôt le lendemain. Et puis, elle a ajouté qu'elle allait faire une petite promenade pieds nus sous la pluie et que ça lui rappellerait quand elle était petite…

Donadey observait Tony. La confusion et la peur qui habitaient le garçon au début de l'entretien avaient fait place à une tristesse qui paraissait sincère.

– Et ensuite ?

– J'ai démarré le bateau, j'ai traversé le port pour l'amarrer à son emplacement à la jetée, puis je me suis couché. Comme je vous l'ai dit la première fois, j'ai dormi à bord. Ça m'arrive de temps en temps.

– Quand tu as quitté le ponton, où était madame Rosely ?

– Elle était encore sur le ponton, elle m'a fait signe, puis elle s'est dirigée vers la plage.

– Tu as raconté tout ça à Lisa ?

Tony rougit, « non, elle l'a appris parce que, ce soir-là, elle a suivi Isabelle et l'a vue monter à bord. C'est ce qu'elle m'a dit. »

– Elle savait que tu couchais avec Isabelle, n'est-ce pas ?

Tony soupira : « elle s'en doutait, c'est difficile de cacher quelque chose ici. »

– Comme pour les autres femmes, n'est-ce pas ?

– Qu'est-ce que vous voulez, commissaire, elles sont toutes après moi ! Le jeune homme avait dit cela avec un petit air fat qui déplut fortement à Donadey.

– Autre chose Tony, c'est un beau bateau que tu as. Avec quoi tu l'as acheté ?

– Ah non ! Vous pensez bien, il n'est pas à moi ; je n'aurais pas pu me le payer ! Pas encore en tout cas. Il appartient à une famille de Parisiens qui me le laissent toute l'année à condition que je leur réserve le mois de juillet entièrement pour eux. Je les balade, je les emmène à la plage ou à la pêche...

– Qui sont ces gens ?

Tony détourna le regard. « C'est la famille qui a adopté le petit frère de Lisa. »

Donadey émit un sifflement. « Si je comprends bien, ces gens savaient que Lisa t'aimait bien, pour ne pas dire plus, que vous étiez ensemble depuis un moment, et ils ont voulu donner un coup de main à toi, pour le bien de Lisa. Finalement, c'est à elle que tu dois tout ça. C'est bien ça ? » Tony baissa la tête. « Ils pensaient qu'on allait se marier un jour ou l'autre... » Donadey considéra Tony un moment. « Tu es vraiment un petit crétin, Tony ! Dégage ! Et je n'ai pas encore fini avec toi ! » Donadey regarda par la fenêtre Tony s'éloigner. « Crétin ! » murmura-t-il encore. Julien et ses copains attendaient assis sur un banc en face. Il leur fit signe de venir.

– Vous allez me répéter ce que vous avez déjà dit aux gendarmes tout à l'heure, mais en n'oubliant rien cette fois ! Parce que j'ai l'impression qu'il y a des trous dans votre histoire ! Justin ouvrait déjà la bouche. Donadey le coupa. Pas toi, Justin, tu as assez parlé ! Julien c'est toi qui racontes !

Julien commença à répéter à peu près la même histoire que celle que les gendarmes avaient entendue : ils se baladaient à vélo comme ils le faisaient souvent pour explorer les chemins de l'île. En passant ils avaient voulu jeter un coup d'œil au bassin carré, comme ça... Il s'interrompit brusquement. « Oh, et puis, ce n'est pas la peine de vous raconter des salades, commissaire, nous n'étions pas là par hasard. Il se tourna vers les autres garçons : ben oui, de toute façon, on ne faisait rien de mal ! En fait, on suivait Caroline. Elle nous avait dit qu'elle avait rendez-vous avec le professeur, et comme elle n'avait pas trop envie d'être seule avec lui, elle nous a demandé de passer. »

– C'est une copine à vous ?

– Oui, elle vient aussi à la vieille grange.

– Et pourquoi elle a accepté de « prendre des leçons » avec le professeur Rocambert, si elle n'a pas envie d'être seule avec lui ?

– Ben, c'est qu'elle se moque un peu de lui... intervint Justin. C'est marrant de le faire un peu tourner en bourrique !

– Ça va jusqu'où ce petit jeu ?

Les garçons se regardèrent, gênés. « Ça ne va pas loin, Monsieur le commissaire, protesta Robert. C'est juste pour se faire payer quelques verres à l'Escale ou au *Trou du Pirate* ».

– Eh bien, c'est du propre ! Vous avez déjà tout compris, vous !

– Oh, c'est pas méchant ! Soyez sympa ! On vous a aidé, c'est nous qui avons trouvé le pistolet !

– Vous avez intérêt à continuer à vous rendre utiles ! Justement, vous qui parcourez tous les sentiers de l'île, il y a combien de chemins qui mènent au bassin carré ? Ou plus exactement, il y a combien de chemins qui permettent de revenir au village à partir du bassin carré ?

Julien réfléchit rapidement : « au moins trois. Le plus direct, c'est celui que vous avez pris derrière l'église, il y en a un deuxième qui rejoint le sentier des calanques en passant derrière le fort Sainte-Agathe, et le troisième, le plus long, qui rejoint la route du phare en passant par les champs. On les a tous faits. »

– Donc il est possible de quitter le bassin carré par trois endroits différents. Eh bien, ça ne va pas nous simplifier la tâche ! Merci pour votre aide, je ne vous retiens pas. Et un conseil, ajouta-t-il en réprimant un sourire : dites à votre copine de se tenir à distance des hommes mûrs qui paient des tournées !

Les garçons disparurent comme une volée de moineaux. A l'opposé du bureau, une horloge murale publicitaire vantant les vertus d'un apéritif régional marquait trois heures et demie. Renart n'allait sans doute pas tarder à arriver, pensa Donadey en s'étirant et s'enfonçant dans le fauteuil antique. Il allait se laisser envahir par une plaisante torpeur, lorsqu'apparut une silhouette dans l'encadrement de la fenêtre.

– J'espère que je ne vous dérange pas, commissaire, je venais vous proposer un café.

Geneviève se tenait dans le jardinet, souriante, la tête légèrement penchée sur le côté. Elle avait attaché ses cheveux en chignon sage, seules quelques mèches blondes rebelles accrochaient les rayons du soleil et jouaient dans la lumière. Il se dit que sa voisine, la marchande de souvenirs, était bien plaisante à regarder et fut instantanément tout à fait réveillé.

Le magasin avait gardé un peu de la fraîcheur du matin. Geneviève posa sur la table deux appareils de photo et le sac qui encombraient une chaise. « Je suis allée prendre des photos ce matin dans les calanques, l'après-midi, il n'y a plus beaucoup de soleil de ce côté de l'île. En route j'ai un peu traîné dans les pinèdes. Elle lui tendit une tasse et versa le café. Et vous ? » Donadey ne répondit pas directement.

– Vous avez croisé des gens ? »

– Vous savez, il n'y a jamais beaucoup de monde dans les calanques. Les touristes sont trop feignants pour marcher jusque-là ! Quelques amateurs tout de même. Monsieur Rosely, par exemple. Le pauvre, il était tout seul dans la calanque de l'Oustaou de Diou, assis sur un rocher à lire. Nous sommes d'ailleurs revenus ensemble en faisant quelques détours.

– C'était à quelle heure ?

– Je suis descendue dans la calanque vers onze heures et demie, midi…

Donadey réfléchissait. Il posa sa tasse et regarda les photos exposées sur les murs qu'il n'avait pas remarquées la première fois.

– Ce sont vos photos ? Elles sont très belles ! Il le disait sincèrement, surpris par la force qui émanait des scènes saisies pour la plupart sur le vif. Le contraste avec la mièvrerie du bric à brac alentour était tel qu'il se demanda un instant si la marchande de souvenirs et la photographe était bien la même personne. Il y avait également plusieurs portraits dans lesquels il reconnut des insulaires, pêcheurs, vieilles gens, jeunes serveuses d'hôtel. La photographe semblait avoir extrait l'âme de ses sujets. Il se souvint avoir lu quelque part que certaines peuplades refusaient de se faire photographier de peur qu'on leur vole leur âme. C'était poignant et un peu effrayant.

Elle rit. « C'est mon vrai métier ! Bien sûr, c'est plus qu'un métier. Le métier, c'est la technique qui me permet d'assouvir ma passion. D'atteindre... », elle s'interrompit.

– D'atteindre ?

– Je ne sais pas. Disons, d'atteindre ce que je cherche. Mais ne me demandez pas ce que je cherche ! Quant à tout ça, elle balaya du geste l'entassement de cigales-cendriers, de colliers de coquillages et de blocs de résine emprisonnant pour l'éternité des insectes ou des fleurs, c'est ce qui me permet de vivre tout l'hiver. Comme la fourmi de la fable! A Toulon, dans la vieille ville, j'ai un petit magasin. De photos uniquement celui-là ! J'espère que vous passerez me voir. Elle lui tendit une carte de visite tout simple.

Geneviève Estaniol

Photographe

La Chambre Noire
Place Puget
TOULON 83000   Tél. 92 23 23

La porte d'entrée du magasin tintinnabula soudain violemment. Se retournant, Donadey se retrouva face à face avec Caroline qui entra d'un pas décidé. Sans prêter attention au commissaire, elle s'adressa à Geneviève :

– Maman, j'ai besoin d'argent ! Je n'ai plus rien !

Geneviève adressa un regard confus à Donadey, ouvrit une boîte en métal et sortit quelques billets qu'elle tendit à sa fille. Caroline les prit, murmura une espèce de remerciement et ressortit.

Donadey rompit le silence. « J'ignorais que Caroline était votre fille… »

– Caroline me fait la tête depuis hier parce que je lui ai fait des remarques sur ses sorties, sur les hommes qu'elle fréquente, enfin, vous voyez…

Donadey raconta alors à Geneviève, choquée, la découverte du corps du forain et dans quelles circonstances il avait rencontré Caroline, sans toutefois s'étendre sur ce qu'il avait appris des garçons.

– Mais Sylvain, je le connaissais ! C'est lui qui venait chercher les photos du tir forain ! Devant la mine étonnée de Donadey, elle crut bon d'expliquer : vous savez, il y a encore pas mal de baraques de tir qui utilisent un appareil photo avec le déclencheur logé dans la cible. Lorsque le tireur touche le centre, il est photographié ! En général il récupère son cliché le lendemain. Ici, c'est moi qui développe les photos pour les forains.

– Personne ne m'avait parlé du tir photographique. Je pourrais voir ces photos ?

– Sylvain a emporté les dernières, elles doivent être au stand.

Donadey était songeur. « Merci pour le café. Je dois descendre au port. Mon adjoint devrait arriver de Toulon en ce moment. Intéressant le tir photographique ! Nous en reparlerons. »

– Quand vous voudrez, commissaire, vous êtes toujours le bienvenu !

XIII

En milieu d'après-midi il n'y avait pas foule sur la navette. Donadey repéra rapidement Renart dans le petit groupe de personnes qui se pressaient pour descendre du bateau. L'inspecteur avait visiblement tiré les leçons de son premier séjour sur l'île. Vêtu d'un pantalon de toile clair, en chemisette, une veste légère sur le bras, un sac de sport en bandoulière, il détonait à peine parmi les vacanciers en short.

Il aperçut le commissaire et se dirigea vers lui.

– Je ne vous ai pas trop manqué, patron ?

– Toujours, Renart, toujours ! Alors ?

– Je prendrais bien un café en vous racontant tout ça ; on peut s'arrêter à l'Escale ?

– Non ! Je n'y mets plus les pieds depuis hier. Je boycotte. Le patron est un sombre connard !

– S'il faut maintenant éviter tous les bistroquets tenus par des crétins, la déshydratation nous guette !

– Certes ! Mais il y a crétin et connard, ce n'est pas la même chose. Celui-là est du genre à faire lyncher le premier venu s'il n'est pas gros et chauve comme lui ! Allons plutôt à la mairie, Lisa veille toujours à ce que nous soyons approvisionnés.

Le premier café avalé, Renart entama son rapport : « Commençons par Toulon. Le pistolet que les gamins ont trouvé est le bon. Le test balistique est formel, c'est bien l'arme avec laquelle on a tiré sur Isabelle Rosely. Aucune empreinte, aucun indice utilisable. Sauf ceci, pour ce que ça vaut : on a trouvé beaucoup de sable de mer dans le canon. Vous m'aviez dit qu'il était dans un fossé, n'est-ce pas ? Pas dans le sable ?

– Il était dans la boue. Dans la terre.

– Donc il serait peut-être tombé sur la plage auparavant. En tout cas, ça ne nous apprend pas grand-chose de plus pour l'instant, sinon que l'assassin a pu se trouver sur la plage à un moment donné. Ensuite, j'ai un peu fouiné du côté des journaux de Rosely. Effectivement, il en a plusieurs qui se déclinent en éditions locales de Nice à Marseille, et même au-delà. J'ai interrogé nos amis des RG : nous sommes en année électorale, les législatives auront lieu au printemps prochain. La majorité actuelle n'est pas assurée de l'emporter facilement, notamment dans la région. Le soutien des journaux de Rosely lui a toujours été acquis, jusqu'à présent en tout cas, et comme m'a clairement fait comprendre mon interlocuteur, en haut lieu, on n'a pas envie que ça change. Donc, si on s'intéresse à Rosely, il va falloir le faire avec prudence et discrétion et être assuré de là où on met les pieds, parce que ce n'est pas un personnage à brusquer.

Donadey avait saisi sur le bureau une pincée de trombones qu'il tordait dans tous les sens. « Je comprends mieux maintenant l'empressement du demi beau-frère à faire porter le chapeau à un prétendu violeur compulsif ! On veut rester dans les bonnes grâces de Rosely et le garder au chaud jusqu'aux élections. »

– Je continue avec Paris maintenant. Je vous ai dit que j'avais des copains, un à la brigade financière, l'autre journaliste.

– D'où vous les connaissez, et pourquoi cette escapade à Paris ?

– Tous de Marseille ! Nous étions tous les trois dans la même classe au lycée Thiers. Et le voyage à Paris parce que, en fouinant dans la région, j'ai recueilli des rumeurs. Rien de très précis, mais suffisamment intéressant tout de même pour me donner envie d'en savoir plus. Mes copains m'ont confirmé ce que j'avais entendu. L'empire Rosely ne va pas bien. La concurrence entre les journaux est féroce, le paysage des médias change à grande vitesse, le groupe perd des lecteurs. Ce n'est pas encore trop sensible parce que, justement, on est en période préélectorale, ça fouette un peu les ventes, mais d'après eux, l'avenir n'est pas rose.

– Donc ça arrangerait tout le monde que le groupe tienne encore quelques mois, le temps de la campagne…

– Exactement ! En tout cas, mes potes m'ont promis de creuser un peu les affaires Rosely et de me communiquer le résultat de leurs recherches.

Le bureau était maintenant parsemé de cadavres de trombones torturés.

– Résumons, reprit Donadey. Nous avons maintenant deux meurtres...

– Parce que vous êtes certain que Sylvain été assassiné ?

– L'autopsie nous le confirmera, mais lorsque j'ai examiné le corps, j'ai vu sur les bords de la plaie ceci : il ouvrit un tiroir et sortit une enveloppe dont il vida le contenu sur le bureau. Renart distingua quelques miettes rougeâtres et s'approcha.

– Qu'est-ce que c'est ?

– De la rouille. Des petits morceaux de métal mangés par la rouille.

– Vous ne les avez quand même pas retirés du cadavre !

– Rassurez-vous, Renart, ceux-là, je les ai ramassés autour du bassin ; on trouve là, tout autour, des piquets d'une ancienne clôture démolie. Eh bien, figurez-vous que sur les bords de la plaie que feu Sylvain Sylvestre portait à la tête, j'ai vu les mêmes ! Or, on ne trouve pas de débris rouillés dans le bassin parce que, grâce au maire, le terrain de tennis est plus ou moins entretenu et balayé régulièrement. J'en déduis que quelqu'un a ramassé un de ces vieux piquets et en a asséné un bon coup à notre forain avant de le faire tomber dans le bassin.

– Sylvain et son assassin n'auraient pas pu se trouver tous les deux dans le bassin ?

– Je ne crois pas. Il aurait vu venir l'agresseur. Sylvain était assez costaud et du genre bagarreur.

Visiblement il s'est fait surprendre. Il faut vous représenter les lieux : au fil des ans les alentours du bassin ont été envahis par des broussailles et des pins, presque jusqu'au bord. Il était très facile de s'y cacher.

– Vous croyez que Sylvain attendait quelqu'un ?

– C'est ce que je pense. Un crime de rôdeur, ici, est hautement improbable et d'ailleurs, il avait encore de l'argent sur lui et un briquet coûteux. En revanche, il a été fouillé, car ses poches étaient encore à moitié retournées, comme si le meurtrier cherchait quelque chose de précis. En outre, vous ne trouvez pas étrange que sitôt relâché, Sylvain se soit précipité pour prendre le premier bateau afin de revenir à Porquerolles ? Ce n'était sûrement pas par amour pour son patron !

Mais il y a autre chose qui me chiffonne, Renart. Les garçons affirment avoir aperçu Isabelle Rosely sur la route du Langoustier, à la hauteur du Miramar, vers une heure du matin. Ils disent l'avoir reconnue à son imperméable, ou ciré, vert. Où est passé cet imperméable ? Rosely, que j'ai revu ce matin, m'affirme qu'il n'est plus dans les affaires de sa femme.

– Il est peut-être resté dans l'eau, ou bien traîne encore quelque part, là où elle a été tuée, ou bien l'assassin l'a jeté dans une poubelle.

– J'ai posé la question à Tony. Il a été formel : elle ne portait pas d'imperméable ni de ciré lorsqu'elle est venue le voir.

– Elle a pu aller le chercher après avoir quitté Tony, puis être ressortie se promener avant de faire une mauvaise rencontre.

– Mmhh... Admettons qu'elle soit allée prendre cet imper. Ensuite ? Première hypothèse : elle marche sous la pluie et tombe sur un type genre Sylvestre Sylvain qui, comme par hasard, se promène avec un pistolet de foire dans sa poche...

Deuxième hypothèse : elle ne se promène pas, elle va rendre visite à Mertz qui loge tout près de l'endroit où les garçons auraient aperçu Isabelle, et tout près de l'endroit où ils ont trouvé le pistolet. En général, lorsqu'une femme se rend chez un homme au milieu de la nuit, c'est qu'il est son amant. Vous croyez vraiment qu'après une séance avec le beau Tony, elle serait allée retrouver ce débris champagnisé ? Mon amie Adèle aurait répondu à cette question en termes colorés ! Devant la mine perplexe de son adjoint, le commissaire précisa qui était Adèle. Si c'était pour une conversation, ou une explication, sur un sujet purement hypothétique, elle avait tout le loisir de le faire à un autre moment. Ils se voyaient tous les jours.

Alors, troisième hypothèse : ce n'était pas Isabelle dans l'imperméable. Il en existe peut-être un autre semblable sur l'île. Ou alors...

– Si j'ai bien suivi, Isabelle a été vue pour la dernière fois à l'endroit même où les gamins ont découvert l'arme. C'est étrange...

– En effet, c'est une curieuse coïncidence, et les coïncidences, ça existe peut-être dans les romans de gare, mais pas chez nous, les flics.

– Et Paul Mertz ? Il habite justement à deux pas de l'hôtel Miramar.

– Mmhh... Je ne sais pas. Dans cette affaire, il n'y a que des suspects et pas un qui ait un alibi. En même temps, je ne les trouve pas très convaincants en coupables. A mon avis, on peut éliminer Tony qui n'avait aucune raison de sacrifier la poule aux œufs d'or. Rocambert est un coq bruyant, un esbroufeur, mais surement pas un violent. Sylvain est mort. Certes, il aurait pu assassiner Isabelle Rosely et se faire trucider ensuite, mais pour quelles raisons et par qui ? Restent Mertz, belle figure d'alcolo, que l'on peut imaginer ruminant une rancœur rentrée et, bien sûr, le mari, suspect classique. Mais le couple ne semblait pas avoir de problèmes.

– Ça, ça reste à voir ! Les couples, c'est toujours surprenant ! J'en sais quelque chose ! Vous n'oubliez pas de Marcilly ?

– Non. Je le garde en mémoire, mais je le mets de côté. Suspect ou non, quelque chose me dit que c'est lui qui en sait le plus, et qui en dit le moins. En tout cas jusqu'à présent, parce que j'ai rendez-vous avec lui tout à l'heure et j'espère qu'il sera un peu plus causant.

Renart se leva. « J'irai faire un tour du côté du Miramar demain matin. A mon avis, vu les centaines de vacanciers qui passent chaque jour par-là pour se rendre aux plages, il ne faut pas espérer découvrir grand-chose, mais on ne sait jamais... »

***

Dans le bar de l'Arche, l'éclairage d'ambiance était allumé de jour comme de nuit. Les fenêtres étroites donnaient sur la terrasse ombragée et ne laissaient filtrer qu'un maigre jour dans la salle. Cela n'était pas gênant, les yeux pouvaient s'y reposer de l'aveuglante clarté solaire et, sous les lumières tamisées, les échanges y gagnaient en intimité. Donadey retrouva de Marcilly au bar. Juché sur un tabouret, il faisait la conversation à une femme brune entre deux âges qui officiait derrière le comptoir.

– Vous connaissez Nathalie ? Il présenta Donadey à la femme qui lui tendit la main. Nathalie est la meilleure barwoman de l'île ! Vous pouvez lui demander n'importe quel cocktail, elle vous le prépare sans hésitation !

Elle lui tapa gentiment sur la main. « Vous pouvez parler ! Vous ne buvez que du vin rouge ! Mais pas n'importe lequel, c'est vrai ! » Elle se tourna vers le commissaire : « Qu'est-ce que vous prendrez ? »

Donadey désigna le verre de l'avocat. « La même chose. Je suis certain que monsieur de Marcilly est de bon conseil ». Nathalie saisit une bouteille et servit le commissaire dans un verre imposant. Il regarda l'étiquette « Pessac-Léognan », et l'indication d'une année qu'il présuma être bonne, n'étant pas un grand connaisseur.

– Vous vouliez me parler, commissaire ? Allons nous assoir, nous serons plus tranquilles.

Ils s'installèrent à une table près d'une fenêtre.

– Peu de temps avant sa mort, Isabelle Rosely a passé un appel téléphonique depuis la boutique de la photographe, à côté de l'hôtel, tenue par une jolie femme blonde. Ça nous a paru curieux, alors qu'elle aurait pu le faire confortablement de l'Arche, et j'ai demandé à mon adjoint de faire quelques recherches. Il apparaît que madame Rosely avait appelé votre cabinet à Paris. Vous en connaissez la raison ?

L'avocat prit le temps de goûter le vin savamment, puis reposa son verre. « C'est simple, mon cabinet était le conseil de madame Rosely. Je ne suivais pas personnellement ses affaires. Comme vous le savez sans doute, je suis plutôt un pénaliste, mais j'ai dans mon cabinet un département qui traite les affaires civiles et financières. Madame Rosely a certainement appelé un de mes collaborateurs au sujet de ses affaires. »

– Madame Rosely avait des biens à gérer ?

– La famille Thibottais était, et est encore, riche. Isabelle avait des biens.

– Mais, pourquoi téléphoner de la boutique ?

– L'avocat sourit. « Je suppose qu'elle ne souhaitait pas être entendue… »

– Vous voulez dire, de son mari ?

De Marcilly fit un vague signe d'ignorance. « Peut-être. »

Donadey poursuivit. « Cela m'amène directement à ma deuxième question : d'après les premiers renseignements, il semblerait que la situation financière du groupe de presse de monsieur Rosely n'est pas brillante. Vous en savez davantage ? »

L'avocat prit à nouveau son temps. « D'abord, je ne suis pas l'avocat d'affaires de Francis Rosely. Il n'est pas client de mon cabinet à ce titre… »

– Ce qui donc vous donne toute latitude pour me répondre, coupa Donadey en souriant.

– Effectivement, on peut dire que les affaires de Francis ne vont pas bien. Cela dit, ce n'est pas nouveau.

Lorsque je l'ai connu, il avait sa maison d'édition, les Editions du Berger, ainsi qu'une petite revue littéraire, et ce n'est que plus tard qu'il s'est lancé dans la presse sur une grande échelle. La maison d'édition survivait déjà cahin-caha et ça ne s'est pas arrangé ! Voyez-vous, Francis peut être parfois difficile en affaires, mais il s'est toujours rêvé en poète. Les Editions du Berger, c'est toute sa vie. Il a publié à grand frais des tas de poètes inconnus destinés à le rester, et de jeunes romanciers prétendument prometteurs. Vous l'avez entendu vous-mêmes l'autre soir, il rêve pour les autres de la gloire littéraire dont il doit bien savoir, au fond, qu'elle ne viendra jamais couronner son œuvre poétique qui est à la fois mince et de peu d'intérêt. Au fil des ans, la branche édition est devenue de plus en plus déficitaire et ne se maintenait que grâce au soutien du groupe de presse.

— Qui n'est plus aussi florissant qu'auparavant...

— Les temps changent, en effet.

— Est-ce que le décès de son épouse aura des conséquences sur les affaires de Francis Rosely ?

De Marcilly hésita. « Je ne sais pas exactement. Isabelle a eu une fille, très jeune, d'un premier mariage qui n'a pas duré plus de six mois. Cette jeune fille doit avoir maintenant une quinzaine d'années. »

— Je suppose que cette enfant, va hériter de quelque chose... Il doit y avoir un testament.

L'avocat eu un geste évasif et n'ajouta rien.

La salle s'était peu à peu peuplée d'estivants qui se rassemblaient à l'heure de l'apéritif comme des animaux autour d'une mare dans la savane au crépuscule. Des répliques et des éclats de rire bruyants partaient du comptoir où Nathalie échangeait des plaisanteries avec les habitués. Donadey aperçut Paul Mertz, seul dans un coin devant une coupe de champagne, et Rocambert pérorant au milieu d'un petit groupe de femmes.

L'avocat, silencieux, fixait son verre et paraissait insensible à l'environnement. Il rompit le silence, s'adressant à lui-même plus qu'à Donadey. « Tant de jeunesse, de beauté, de vie... Vous auriez dû connaître Isabelle à seize ans. C'était un elfe, une flamme, un feu follet ! Elle aurait mis le monde à ses pieds ! » L'avocat s'était brusquement animé. Il avait perdu ce masque d'impassibilité légèrement narquoise qui avait mis Donadey mal à l'aise lors des précédents entretiens. Il poursuivit. « Je l'ai perdue de vue pendant trois ou quatre ans, j'étais à Paris, à la fac de droit, puis en stage. Lorsque je l'ai revue, elle était mariée à un type qui vivait des bateaux. » Son enthousiasme était retombé. Il eut un sourire sans joie. « Oui déjà ! Celui-là était skipper, enfin, c'était ce qu'il faisait lorsqu'il travaillait. Evidemment, ce mariage n'a pas vraiment enchanté le père Thibottais, mais comme il adorait sa fille... Bien sûr, elle était enceinte... Bref, ils ne sont pas restés ensemble longtemps. »

– Comment a-t-elle rencontré Francis Rosely ?

– Un peu plus tard, lors d'un séjour à Paris, dans une librairie, je crois, à l'occasion d'une séance de dédicace. Francis venait de publier un recueil de poèmes. Il regarda Donadey brusquement. Vous n'en devinerez jamais le titre : « *La mort estivante* » ! Curieux, n'est-ce pas ?

XIV

Donadey avait quitté de Marcilly à l'Arche au moment où les premiers dîneurs commençaient à occuper les tables sur la terrasse. Alors qu'il hésitait à repasser à la mairie ou à retrouver Renart à l'hôtel, il aperçut celui-ci, les mains dans les poches, observant les deux bénévoles de la mairie mettant la dernière main à l'installation du podium et des guirlandes. Il le rejoignit.

– C'est vrai, nous sommes samedi, jour du bal !
– La vie continue, commissaire !
– Oui, comme dirait ma copine Adèle : « ce que c'est que de nous ! » Donadey se laissait envahir doucement par le spectacle. Sur la piste en ciment, des bandes de gamins à bicyclette tournaient en rond et se poursuivaient en poussant des cris de guerre, des petites filles jouaient avec une balle un jeu qui lui parut compliqué, quelques vieillards, qui avaient dû dîner fort tôt, avaient déjà pris

position sur les bancs tout autour. Le fils du maire engueulait les gamins qui roulaient sur les guirlandes traînant encore sur le sol. L'après-midi tirait à sa fin. Quelque chose avait changé dans l'atmosphère depuis le quinze août. Il le savait, cela n'avait rien à voir avec les meurtres. Le mois d'août était loin d'être terminé, les journées étaient encore belles, mais on savait, sans se le dire, que l'on allait vers la fin. Que les jours raccourcissaient inéluctablement de plus en plus vite et que le retour à la grisaille était inévitable. Sans qu'ils se soient concertés, Renart et lui éprouvaient la même mélancolie, nourrie d'expériences et de souvenirs pourtant différents. L'inspecteur regardait les enfants qu'il n'avait pas eus, se revoyait en caleçon de bain trop grand, avec ses parents dans les calanques de Cassis un été. Le commissaire vibrait avec les sons, les mouvements et les couleurs ; il humait la poussière soulevée par les garnements et se retenait de fermer les yeux de peur de sombrer et de se laisser submerger par le trop plein de sa mémoire.

– De Marcilly ? interrogea Renart sans quitter des yeux le spectacle.
– Je ne sais toujours pas. J'ai l'impression qu'il était bien plus proche d'Isabelle qu'il ne veut le dire. Mais il a plus ou moins confirmé les renseignements que vous ont donnés vos amis sur la situation de « l'empire Rosely », comme vous l'appelez.

Ils traversèrent la place en direction de l'hôtel sans se presser, guère différents des flâneurs habituels, and that changed my thoughts. I was hungry. A starving kind of hunger. And that bothered me. It hadn't been that many hours ago that we had a big lunch. Esaugetuh was watching me even though he appeared to be busy with something on the fire. I felt those penetrating eyes, searching my soul, digging deep. I just wish I knew what he was looking for. His baritone voice finally penetrated the denizens of my brain.

"It's Prometheus' behavior, his belief system, and values that provide a blueprint for dealing with Necessity. The blueprint is there for everyone to see if they would just open their eyes, change their perspective. That's all this is needed. It even foreshadows Buddha-thinking."

There he was again, just picking up as if we had been talking right along. I wonder if he thinks I take notes. Actually, that's what I should be doing.

"Prometheus doesn't use force when he responds to Necessity. He does not struggle against it. He *accepts* it as part of the reality he experiences. Acceptance, not surrender, is the lesson. That's the real message Prometheus brings to mankind. Move with Necessity. By doing so, it allows you to exert your influence, to bring about the changes needed for your survival and to bring about those changes required for humanity's survival. Take our skiff, for example. You let it flow with the river, giving direction only as necessary to keep from smashing against the rocks. The rocks along the river are no different from experiences in life. Each has the potential of danger as well as safety—each has the potential of greatness or infamy—each has the potential for happiness or sorrow. We intercede in the rivulets of life's experiences. In the myth, it is Prometheus who intercedes for mankind and what an intercession it is! Is he not the predecessor of yet another god, who like him, was crucified? What price will the next new god have to pay?" Esaugetuh said.

Whew! The overwhelming implications of what he said has created, no, forged even more questions. I was so engrossed in trying to understand all that he had said and what I had experienced earlier that I didn't even notice that he was sitting directly in front of me. Okay, so there's a blueprint for dealing with Necessity: Go with the flow, don't use force, and give direction. A new god? Is that what this is all about? A new god defined in modern technological terms? Is that the new battle ground? Is that why we are so unhappy. The new god, science, isn't giving us stability. It's always in a state of flux.

I shook my head in rejection. There has to be something more! I looked at Esaugetuh and tried to focus. He was smoking his pipe. The traditional smoke rings floated lazily upward and disappeared. He was content, self-confident, self-assured. He knew exactly who he was.

Damn, I thought, I wish I could be like that, but I'm not.

"Are you okay?" Esaugetuh asked.

"Not sure. A while back I had the darndest dream. Sort of shook me up," I replied.

Ils allèrent les saluer puis descendirent vers le port faire un dernier tour sur la jetée. L'obscurité les entourait de toute part, trouée de loin en loin par le faible éclairage des lanternes de quelques plaisanciers achevant de dîner dans le cockpit de leur modeste bateau. Parvenus au bout, ils s'assirent sur les pierres du rebord du phare encore chaudes du soleil de la journée. Les échos du bal leur parvenaient lointains, mais distincts, portés par la surface sans ride de l'eau du port. Perdus dans leurs pensées, ils rentrèrent à l'hôtel sans échanger une parole.

XV

Donadey émergea de sa chambre vers neuf heures. Renart était déjà installé à la terrasse devant un solide petit déjeuner. Il commanda un café et lança un coup d'œil interrogateur en direction des papiers griffonnés que l'inspecteur avait posés à côté de son assiette.

– Les réponses à nos questions ! D'abord l'autopsie de Sylvain. Vous aviez vu juste, il n'est pas tombé tout seul dans le bassin. Sylvain a été frappé, très probablement par derrière vu l'angle de la blessure, avec un objet contondant cylindrique ayant laissé des débris rouillés dans la plaie, ou plutôt dans les plaies car il a été frappé deux fois. Le premier coup était déjà assez dévastateur, mais le deuxième, sur la nuque, l'a certainement achevé. La nature des blessures évoque bien l'emploi d'un tube de ferraille du genre piquet de clôture.

Ensuite, l'empire Rosely. Mon copain journaliste m'a appelé ce matin. Il a fait sa petite enquête, je ne sais pas auprès de qui, mais peu importe. L'empire va encore plus mal qu'on ne le pensait. En clair, pendant des années les bénéfices du groupe de presse passaient dans la maison d'édition, et comme des bénéfices, il n'y en a plus depuis longtemps, les dettes se sont accumulées. La dégringolade n'est pas loin !

— Ce n'est pas de ce côté-là qu'il faudra chercher un héritage pour la fille d'Isabelle, observa Donadey. Aucune information sur la répartition de la fortune ? D'après ce que j'ai retenu de ce qu'a bien voulu me dire de Marcilly, lorsque Rosely a rencontré Isabelle, il ne possédait que sa maison d'édition et une revue confidentielle. Comment a-t-il pu financer le reste ?

— Apparemment, selon mon copain, grâce à Isabelle. Entre son premier mariage et celui avec Rosely, son père est décédé, lui laissant pas mal d'argent. Rosely aurait puisé dedans.

— Elle n'a pas pu lui donner son argent comme ça ! Il y a certainement eu un montage financier quelconque. Elle devait avoir des parts dans « l'empire ». Le cabinet de Marcilly suivait les affaires d'Isabelle, il doit en savoir davantage là-dessus. Il faut tout lui arracher par bribes, c'est lassant à la fin !

— C'est un avocat, patron, il ne va pas vous raconter la vie de ses clients. Même morts ! Il vida sa tasse de café et se leva. En attendant, je vais aller faire un tour du côté du Miramar, c'est la bonne heure, il ne fait pas encore trop chaud !

Renart avait emprunté un vélo à l'hôtel et roulait en direction de l'endroit où les garçons avaient trouvé le pistolet. Le vélo était antique et lourd, sans dérailleur, mais la route était plate et Renart, qui avait pratiqué le cyclisme dans sa jeunesse, pédalait sans forcer, seulement attentif à éviter les groupes de touristes qui se dirigeaient en colonne vers la seule plage au nom magique dont ils avaient entendu parler, la plage d'Argent. Arrivé au petit pont en ciment, il mit pied à terre et considéra les alentours, comme l'avait fait Donadey. L'endroit n'évoquait chez lui aucun souvenir, aussi il se concentra sur la disposition des lieux. Il essaya d'imaginer Isabelle dans son ciré vert, marchant sous la pluie. La villa de Mertz se dressait à quelques dizaines de mètres seulement, un peu plus loin sur la route. En admettant qu'elle se soit rendue chez lui, que l'entrevue ait mal tourné, pourquoi Mertz serait-il venu cacher le pistolet quasiment devant l'hôtel, seule portion de la route à peu près éclairée, alors qu'il paraissait plus logique de s'en débarrasser dans la mer avec le corps ? Cela n'avait pas de sens. Il marmonnait à voix basse, ignorant les familles qui le dépassaient en lui jetant des regards étonnés. Il essaya de changer de point de vue : « on écarte la coïncidence improbable d'un deuxième ciré se baladant dans la nuit. Il s'agit bien du ciré d'Isabelle, mais porté par quelqu'un d'autre. L'assassin, par exemple. Pourquoi ? Pour faire croire qu'Isabelle est encore vivante à cette heure et qu'elle va chez Mertz ? Pourquoi pas ? Mais qu'est devenu le ciré ensuite ?

L'inspecteur regardait autour de lui, incertain. Un jeune homme en maillot de corps sortit d'une porte latérale de la clôture entourant l'hôtel et se dirigea vers le petit pont, poussant devant lui dans une brouette une poubelle de bonne taille. Renart l'interpela : « vous sortez vos poubelles le dimanche matin ? » Le jeune homme rigola et alluma une cigarette. « Normalement non, mais le cantonnier n'est pas passé hier. Il avait dû prendre une cuite la veille. D'habitude je les sors le soir et il les ramasse le matin. Il ne devrait pas tarder, si tout va bien… » Renart attendit sur le bord de la route en bavardant avec le jeune homme qui lui apprit qu'il était aide-cuisinier et qu'il avait bien l'intention d'ouvrir une gargote à son compte l'an prochain ; au surplus, il lui confia quelques ragots sans intérêt sur les clients de l'hôtel. Au bout d'une dizaine de minutes, il écrasa sa deuxième cigarette et s'exclama : « le voilà ! Je vous laisse. Il s'appelle Cotta. Je ne sais pas ce que vous lui voulez, mais si vous lui promettez un pastis ou deux, il sera votre homme ! » Le dénommé Cotta arriva, perché sur un tracteur tirant en remorque une benne métallique à moitié remplie d'ordures odorantes. Il sauta à terre, jeta un coup d'œil à l'inspecteur et empoigna prestement la poubelle laissée par l'aide-cuisinier. Malgré les effluves que répandait le chargement, Renart identifia dans le sillage du cantonnier un fort parfum d'anis. Il avait dû démarrer tôt. L'inspecteur s'adressa à lui alors qu'il s'apprêtait à remonter sur sa machine.

– Monsieur Cotta, vous avez ramassé les poubelles dans le coin, le matin du seize ?

Cotta jeta un regard morne à l'inspecteur. « Vous êtes un des deux policiers, c'est ça ? Si c'est pour les meurtres, j'ai pas grand-chose à vous dire. J'ai rien vu et rien entendu ! » Sa voix était cassée et rauque. Renart lui proposa une cigarette. L'inspecteur ne fumait pas, mais il avait toujours un paquet sur lui, sachant par expérience que ça aidait à socialiser. Le cantonnier la prit sans un mot et l'alluma lui-même. Les ravages de l'alcool se lisaient sur son visage précocement ridé, ses yeux ternes bordés de rouge ne semblaient jamais fixer son interlocuteur et son ventre débordait largement par-dessus sa ceinture. Mais à le voir manipuler les poubelles avec aisance, il devait être encore costaud.

– Possible ! Concéda Renart. Mais ce qui m'intéresse, ce sont vos poubelles. Vous n'auriez pas trouvé un ciré de femme vert, par hasard ? Il devina que le cantonnier hésitait. Parce que, insista-t-il, c'est lui que je cherche. Il appartenait à la victime, la première. Je pense que l'assassin l'a jeté quelque part. C'est une pièce importante, vous comprenez ? Alors, comme vous passez partout où les gens se débarrassent de ce qu'ils ne gardent pas, j'ai pensé que, peut-être, vous aviez pu l'apercevoir... Le cantonnier se gratta la tête. « Maintenant que vous en parlez, je me souviens qu'en faisant ma tournée, j'ai trouvé un imper comme celui que vous dites. Comme il était comme neuf, je l'ai mis de côté. »

– Vous l'avez trouvé où, le ciré ?
– Ici. Il montra la poubelle de l'hôtel. Il était sur le dessus, tout propre.

Le policier se frotta les mains. « Eh bien, c'est parfait Monsieur Cotta ! Allons chercher ce ciré et on prendra un verre à l'Escale ! »

Cotta avait déjà un pied sur la marche de son tracteur. Il se tourna vers l'inspecteur, « sauf que, ce n'était pas le lendemain de la fête. C'était le jour d'après. »

***

Après avoir dûment abreuvé le cantonnier, Renart était parti à la recherche du commissaire qu'il trouva sur le port, à l'arrivée des navettes qui déversaient leur flot de touristes dominicaux.

Ils revinrent à la mairie où Renart avait déjà ensaché et étiqueté le ciré.
— Est-ce que ça veut dire que le pistolet aussi a été placé sous le pont le surlendemain ? s'agaça Donadey. Ça change un peu la perspective ! L'assassin aurait conservé le ciré d'Isabelle et le pistolet toute une journée, pour finir par s'en débarrasser un jour plus tard ! Dans quel but ? C'était un peu risqué ! Je suppose que vous avez visité les poches ?
— Elles étaient vides. On verra ce que donneront les empreintes, mais après le passage du cantonnier, il ne faut pas espérer grand-chose.
— Le cantonnier, votre impression ?
— Imbibé en permanence. Apparemment il était au lit cette nuit-là. Raide. Son épouse confirme. De toutes manières, je ne le vois pas embarqué dans une histoire compliquée. Il comptait offrir le ciré à sa femme ! Sans doute pour se faire pardonner une cuite de plus...

– J'ai une petite idée... commença Donadey. Il s'interrompit en apercevant par la fenêtre Lisa qui se dirigeait vers la mairie. L'inspecteur suivit son regard. « Elle aime bien le rouge, cette petite ! » Donadey ne répliqua pas. Il était troublé et se refusait à en chercher la cause. Elle poussa la porte.

– J'ai un peu de courrier à écrire, annonça-t-elle, mais je peux revenir plus tard...

Renart quitta le fauteuil d'un bond en protestant qu'il lui laissait la place et Donadey murmura que, de toutes manières, il avait une visite à faire. Ils laissèrent la jeune fille seule, Renart se dirigeant vers l'hôtel et le commissaire vers la boutique de souvenirs.

Donadey poussa la porte vitrée qui déclencha un carillon cristallin. Geneviève émergea de l'arrière-boutique et, reconnaissant le commissaire, s'approcha souriante.

– Que puis-je pour vous commissaire ? Vous me paressez soucieux.

Donadey eut une moue évasive et éluda la question. « Je ne vous ai pas vue au bal hier soir. »

– Vous m'auriez invitée à danser ? Si j'avais su... !

Il secoua la tête. « Vous auriez été très déçue ! »

– J'y suis passée, mais assez tard. Francis Rosely m'avait invitée à dîner à l'Arche. Devant la mine étonnée de Donadey, elle précisa : je n'ai pas cru pouvoir refuser. Cet homme traverse une mauvaise passe. Je suppose qu'il a besoin de se confier.

– De quoi avez-vous parlé ? Ça n'a pas dû être très gai comme soirée !

— De sa femme. Principalement d'Isabelle, et un peu de ses affaires. Il m'a demandé si je serais intéressée à illustrer des livres. J'ai compris qu'il s'agissait de ses poèmes.

— Il vous a dit des choses intéressantes sur son épouse ?

— Rien de particulier. Surtout les phrases que l'on prononce dans ces circonstances... Qu'elle était belle, pleine de vie, qu'il l'aimait beaucoup et qu'elle lui manquait terriblement. Je résume, car nous sommes restés bien deux heures à table. Une chose, tout de même : je ne sais plus comment il a amené cela, mais à un moment, il m'a demandé si sa femme avait téléphoné de chez moi. J'ai fait celle qui ne se souvient pas... Il n'a pas insisté.

— Vous avez bien fait. La dernière fois, vous m'avez dit que vous développiez les photos prises au stand de tir. Ça m'intéresse.

— Moi, ça me passionne, figurez-vous ! J'ai un projet que je caresse depuis un certain temps : un livre fait entièrement de clichés de tir photographique. C'est passionnant et c'est émouvant ! Sur ces photos, personne ne regarde vraiment l'objectif. Le tireur est concentré sur la cible, ceux qui l'accompagnent, tantôt le regardent, tantôt fixent un point incertain. D'autres bayent aux corneilles ! Ils savent que peut-être ils vont être photographiés, mais ils n'en ont pas réellement conscience. On ne peut pas dire qu'ils posent non plus. Ils sont saisis l'espace d'une seconde de leur existence au milieu de ce monde magique et irréel que sont les foires. J'en ai déjà une belle collection, il me reste à faire le tri et à choisir celles que je vais garder. J'en ai parlé à Francis Rosely qui s'est montré très intéressé.

Donadey manifesta poliment de l'intérêt pour le projet et revint à ses préoccupations. « Est-ce que vous avez encore les photos qui ont été prises le quinze, le jour de la fête ? »

Geneviève réfléchit deux secondes. « Non, je ne les ai plus. Je vous ai dit que Sylvain était venu chercher les clichés le lendemain matin. C'est comme cela que l'on procède en général avec les forains. » Donadey jura intérieurement et eut un geste d'agacement. « Combien y en avait-il ? »

– Deux bobines. Les affaires avaient, semble-t-il, bien marché ce jour-là. Cela représente une soixantaine de clichés. En fait, un peu plus, parce que j'en tire parfois plusieurs exemplaires lorsque les gens sont en groupe.

– Nous n'avons pas trouvé de photos dans ses affaires.

– Cela n'a rien d'étonnant. En règle générale, les forains les confient au bar de l'Escale où les heureux tireurs viennent les chercher. Ce qu'ils ont dû faire depuis.

– C'est contrariant...

– Mais j'ai toujours les négatifs. Et si cela peut vous être utile, j'ai gardé les planches-contacts. Vous pourrez voir si quelque chose vous intéresse. J'en ai pour une minute ! Elle disparut dans l'arrière-boutique tandis que Donadey, qui avait déjà épuisé les charmes du magasin de souvenirs, contemplait vaguement à travers la vitrine le va-et-vient des touristes et des insulaires. Il distingua de Marcilly qui l'aperçut et le salua de la main. L'avocat se dirigea vers le magasin et entra. Donadey était contrarié par l'arrivée de l'avocat mais s'efforça d'être aussi aimable que possible.

– En quête de souvenirs, commissaire ? Est-ce que vos investigations toucheraient à leur fin ?

– Je suis venu bavarder avec madame Estaniol…

– Je vous comprends ! assura de Marcilly, son habituel sourire indéfinissable sur les lèvres. Je venais un peu pour la même raison, mais nous pourrons bavarder tous les trois !

Donadey n'était pas dans une humeur primesautière. Un fantôme de piste lui était entr'apparu, il croyait tenir un fil, ténu et incertain, mais peut-être prometteur. La présence de l'avocat, bavard de surcroît contrairement à son habitude, l'irritait et le déconcentrait et il ne tenait pas à révéler le véritable motif de sa visite.

Geneviève revint et n'ayant pas vu, ou pas compris, le signe qu'il lui adressa, disposa les deux planches sur la table, en face des deux hommes. L'avocat y jeta un coup d'œil indifférent et engagea la conversation avec Geneviève, puis, comme se rappelant soudainement une course à faire, il s'excusa, salua la photographe et le commissaire, et s'en alla. Donadey s'était saisi des planches et les examinait attentivement.

– Pourriez-vous me faire un agrandissement de ces deux photos ?

– Geneviève se pencha pour repérer les numéros des clichés indiqués par Donadey.

– Oui, bien sûr, mais pas tout de suite. Je dois encore porter du courrier au bateau… à moins que ce ne soit très urgent ? Donadey l'assura que non, et que dans une heure ou deux ce serait parfait. Il quitta la boutique et franchit les quelques mètres qui la séparait de la mairie.

Devant la porte, il hésita, puis rebroussa chemin et traversa la rue en direction de la place. Assise derrière le bureau, Lisa le regarda s'éloigner, sourit pensivement, et reprit la rédaction de la lettre qu'elle avait commencée.

XVI

De Marcilly avait quitté la boutique de souvenirs en hâte. Après un détour par l'Escale, il entra dans l'Arche, monta à l'étage et frappa à la porte d'une chambre. Rocambert ouvrit ; il venait de rentrer de la plage, ses affaires de bain traînaient encore par terre et il achevait de s'habiller. Un peu étonné par la visite de l'avocat, il le fit entrer.

De Marcilly s'excusa de le surprendre ainsi et demanda : « Robert, vous êtes allé chercher les photos prises au stand de tir lors de la fête ? » Le cardiologue s'était assis sur le lit et enfilait une espadrille. Il mit quelques secondes à réagir et éclata de rire. « Ah, oui ! Le jour où je vous ai battu à plates coutures ! Je vous avais prévenu, Alain, je suis un tireur redoutable ! » Conciliant, de Marcilly se montra humble. « En effet, vous m'avez donné une leçon ! C'est vous qui avez tiré dans le mille !

Je suis passé tout à l'heure à l'Escale pour récupérer, moi aussi, un souvenir de ce duel mémorable, mais ils n'en avaient pas, ou plus. Vous avez tout pris ? »

– Non, j'ai demandé un seul cliché.

– Vous pourriez me le montrer ?

Rocambert passa la deuxième espadrille et ouvrit le tiroir de la table de nuit. « Voilà. Vous voyez, Alain, ajouta-t-il sentencieusement, le tir est un sport qui réclame de la tenue, de la discipline, de l'entraînement ! On ne s'improvise pas tireur comme ça ! » Il claqua des doigts.

Sans plus se préoccuper des propos du cardiologue, de Marcilly tenait le cliché à deux mains et le scrutait intensément. « C'est bien cela... » murmura-t-il. Il rendit brusquement la photo à Rocambert et sortit de la chambre sans autre parole, laissant le cardiologue perplexe et décontenancé.

XVII

Donadey était passé prendre Renart à l'hôtel de la Place pour déjeuner. Ils avaient choisi de retourner à la pizzeria afin d'échapper à la curiosité du maire qui avait insisté pour leur offrir l'apéritif, et afin de pouvoir discuter tranquillement des dernières réflexions du commissaire sur l'affaire. Ils avaient oublié que c'était dimanche et que les hordes qui s'étaient déversées des navettes toute la matinée ressentaient à la même heure le besoin de se restaurer, de préférence dans un endroit pas trop cher. Malgré l'affluence, la patronne les accueillit avec un large sourire et leur fit une place dans un coin de la terrasse.

– C'est une idée, concéda l'inspecteur sceptique, à qui Donadey venait d'exposer ses conjectures, mais avouez que ce serait vraiment un coup de chance !

– Attendons de voir les agrandissements. On ne distingue pas grand-chose sur les planches-contacts.

Geneviève s'apprêtait à fermer le magasin lorsqu'ils arrivèrent.

– Je vous attendais, dit-elle en tendant à Donadey une enveloppe.

Donadey en extraya deux clichés, il les examina rapidement et tendit l'un des deux à Renart. Regardez ! s'exclama-t-il soudainement excité.

– L'inspecteur se pencha et émit un juron. « Eh ben ! Votre idée était bonne, Patron ! Ça ne pourrait pas être plus clair ! On va le chercher ? Il doit être en train de déjeuner. » Les deux policiers plantèrent là la photographe et pénétrèrent dans l'Arche. Donadey s'adressa à Nathalie qui officiait derrière le bar en conversant avec Paul Mertz et Rocambert.

– Avez-vous vu monsieur Rosely ? Nous aimerions lui parler.

Nathalie acheva de remplir la coupe du négociant éleveur et secoua la tête. Les policiers s'apprêtaient à interroger une serveuse, lorsque Mertz intervint d'un ton grognon. « Il est parti pique-niquer. Je l'ai entendu demander des sandwichs ». Donadey eut un geste d'impatience. Juché sur un tabouret, le cardiologue reposa son verre de pastis (en vacances il ne dédaignait pas les boissons populaires) et se tourna vers Donadey. « Ça leur a pris comme ça, d'un coup ! C'est vrai que Francis aime bien se promener dans les calanques, mais je ne le savais pas amateur de pique-niques ! ».

– Il n'est pas tout seul, alors ? interrogea le commissaire.

– Il est avec de Marcilly, grogna Mertz.

– Cet avocat est incroyable ! renchérit Rocambert. Il se présente à ma chambre, demande à voir une photographie et repart comme un fou, sans même me dire un mot ! Et après, il propose un pique-nique à Francis ! Ce garçon a l'air calme, comme ça, mais parfois, je me demande…

– Cette photo ? coupa Donadey en lui mettant un des clichés sous le nez.

– Le cardiologue plissa les yeux, « euh… oui, c'est la même ».

– Où sont-ils allés ?

– Aux gorges du Loup ! dit Mertz. Ne me demandez pas où c'est ! J'ai seulement entendu de Marcilly proposer à Rosely de l'emmener là-bas.

– Merde ! Merde ! Merde ! Donadey avait à peine écouté la fin de la phrase. Il prit Renart par le bras et l'entraîna à l'extérieur. Très étonné, Rocambert s'adressa à Nathalie : « décidément, ils ont tous un grain aujourd'hui ! »

A cette heure, la place était désertée. Habitants et touristes étaient quelque part à l'ombre, encore à table pour la plupart.

– Vous savez où ça se trouve, patron ?

– Bien sûr, que je le sais !

– Et il y a urgence ?

– Oh, oui !

A ce moment arrivèrent, venant de la direction du port, Justin et Julien, pédalant mollement sur leurs cycles antiques.

— Descendez de là ! hurla Donadey.

Les deux garçons s'arrêtèrent net, effrayés.

— On n'a rien fait de mal, Monsieur le commissaire ! protesta Justin.

— Descendez de là, répéta Donadey plus doucement, et prêtez-nous vos vélos. Il nous les faut tout de suite !

Ils s'exécutèrent, soulagés et curieux, mais les policiers sautèrent en selle sans la moindre explication et s'engagèrent sur la route du phare en pédalant furieusement.

Au bout de deux kilomètres environ, Donadey fit signe à Renart qu'ils étaient arrivés. Ils abandonnèrent les vélos sur le bord de la route et s'engagèrent dans un sentier étroit qui partait sur la droite au milieu d'une garrigue dense. Le chemin descendait en direction de la mer, croisant parfois d'autres chemins, tous semblables aux yeux de l'inspecteur. Mais Donadey dévalait la pente sans hésiter, en familier des lieux. Renart suivait, trempé de sueur. Ils débouchèrent soudain sur un espace dégagé où la végétation se faisait plus rare, où les roches blanches affleuraient le sol. La mer s'étalait devant eux, immense et bleue, parsemée de moutons blancs et, au sortir de l'abri du sentier protégé par la garrigue, la fraîcheur du vent les surprit.

Renart regarda en dessous d'eux ; de là où ils s'étaient arrêtés, ils surplombaient la gorge, simple faille étroite par où la mer s'enfonçait dans la falaise, déployant toute une palette de tons allant de l'indigo à l'émeraude.

Immédiatement à leur aplomb, un étroit éperon rocheux dominait la gorge. Deux hommes s'y tenaient, deux silhouettes fragiles dans ce panorama sauvage. L'un semblait tenir l'autre par le bras. Tous deux paraissaient garder au bord de la falaise un équilibre précaire menacé par les rafales de vent.

Donadey et Renart s'arrêtèrent net, faisant rouler des petits cailloux sous leurs pieds. Arrivés sous le vent, leur arrivée n'avait pas été perçue.

Donadey mit ses mains en porte-voix et hurla pour se faire entendre dans les rafales : « de Marcilly ! Alain ! » Il dut s'y reprendre à deux reprises avant que les deux hommes tournent la tête de son côté. « Alain ! Ne faites pas de bêtises, remontez tous les deux ! » L'avocat regardait Donadey mais il serrait toujours dans son poing la manche du blazer de Rosely. Après quelques secondes, il se retourna vers l'éditeur, ouvrit la main et le lâcha comme à regret. Entretemps, Renart les avait rejoints et entreprenait de les convaincre de remonter vers la plate-forme où se tenait le commissaire.

Ils reprirent ensemble sans un mot le sentier vers la route. Donadey jeta un dernier coup d'œil vers la gorge. Sur l'éperon rocheux, deux mouettes se disputaient déjà les sandwichs du pique-nique interrompu, tandis qu'en contre-bas, ballotté par les vagues, le panama de l'éditeur dansait au milieu des tourbillons d'écume, dérisoire débris d'un drame qui n'avait pas eu lieu.

***

Francis Rosely était maintenant assis sur la même chaise paillée sur laquelle il avait comparu au lendemain du meurtre de son épouse. Lorsqu'ils étaient remontés sur la route, Donadey avait envoyé au village l'inspecteur et l'avocat avec les vélos ; en commandant à ce dernier de se tenir à sa disposition dans sa chambre d'hôtel. Lui-même était revenu à pied avec Rosely. Ils n'avaient pas échangé une parole pendant le trajet.

Lorsqu'ils arrivèrent à la mairie, Renart fut frappé par le changement dans l'apparence de l'éditeur. Ce n'était plus le personnage impeccable, presque inaccessible dans sa tenue immaculée. Ses cheveux argentés entretenus mi-longs à la britannique, d'ordinaire ramenés élégamment en arrière, maintenant ébouriffés par le vent, pendaient sur ses oreilles, ternes et informes. Son blazer était froissé, sa chemise sortait du pantalon sur un côté, quant au pantalon de lin, il était parsemé de témoignages du passage dans les ronces du sentier. Mais il avait néanmoins conservé son maintien. Il ne paraissait ni accablé, ni effondré, mais seulement lointain et absent, comme si tout cela lui était étranger.

Installé derrière le bureau, Renart se tenait prêt, un carnet ouvert devant lui ; Donadey attira une chaise à lui et s'assit à califourchon. Il sortit de sa poche l'enveloppe que lui avait remise Geneviève, en sortit une photographie et la présenta à l'éditeur.

– Est-ce que vous voyez la même chose que moi ?

Rosely jeta à peine un coup d'œil sur le cliché et détourna aussitôt le regard. Donadey le tendit à son adjoint. « Et vous, Renart ? Vous avez bien vu ce que je vois, n'est-ce-pas ? » Sur la photo on voyait Rocambert, une carabine encore épaulée. Il venait de toucher la cible et de déclencher l'appareil photo. A sa gauche, de Marcilly, les bras croisés, semblait regarder dans le vide, un mince sourire sur les lèvres. Décalée sur leur droite, la silhouette de Rosely apparaissait, un peu rognée sur le bord, mais aisément reconnaissable. Mais ce qui avait suscité la surprise de l'inspecteur un moment auparavant, était ce qui se passait sur le comptoir. La main gauche de Rosely était posée sur un pistolet, tandis que de la droite, il tenait sa liseuse ouverte, prêt à y glisser l'arme.

– Alors, Monsieur Rosely, c'est bien l'arme avec laquelle vous avez assassiné votre épouse, n'est-ce pas ? Vous allez nous raconter pourquoi et comment !

L'éditeur releva la tête. « Ce qui s'est passé entre Isabelle et moi ne vous regarde pas ! Il ajouta : vous n'auriez pas dû intervenir ! Vous auriez dû laisser faire de Marcilly ! »

– C'est ça ! Pour que vous ruiniez une autre existence ! Pour que de Marcilly se retrouve en taule pour vous avoir jeté en bas de la falaise ! Je crois que vous en avez fait assez, non ? Vous ne voulez rien dire ? Comme vous voudrez ! Je vais vous raconter, moi, ce qui s'est passé ! Vous me direz si je me trompe !

Le soir du quinze, après avoir quitté le bal, vous êtes monté dans votre chambre, comme vous nous l'avez dit, mais vous n'y êtes pas resté. Vous en êtes ressorti rapidement avec le pistolet que vous aviez subtilisé quelques heures plus tôt ainsi qu'une ou des cartouches, et vous avez guetté votre épouse sur la plage. Vous vous doutiez qu'elle allait retrouver son amant, vous connaissiez déjà leurs habitudes, et c'est ainsi que vous l'avez vue monter sur le bateau de Tony Escola. Je ne sais pas exactement quelle était votre intention à ce moment, mais la présence d'une autre personne qui avait également suivi Isabelle vous a peut-être perturbé. Vous avez donc sans doute attendu ; vous ne risquiez rien, de toutes manières il ne passe pas grand-monde par-là à cette heure. Vers une heure trente, vous l'avez vue débarquer du bateau de Tony qui a quitté le ponton immédiatement. Tony nous a dit que votre femme voulait se promener un moment sur la plage. Elle est donc forcément passée devant vous ; vous lui avez tiré une balle dans la tête et elle est tombée. Les gendarmes n'ont pas constaté de traces de corps sur la plage, je suppose qu'elle devait marcher au bord de l'eau. La suite est un peu plus confuse, mais je parierais que vous avez emprunté le youyou qui se trouvait là, que vous y avez mis Isabelle, qui, soit dit en passant, était toujours vivante, pour aller la jeter dans le port. C'est probablement à ce moment-là que vous avez fait tomber le pistolet dans le sable. Ce que je ne comprends pas très bien, c'est pourquoi vous vous êtes compliqué la vie à ce point. Si c'était pour faire disparaître le corps, vous ignoriez sans doute que les courants ramènent vers le rivage ce qui flotte dans le port.

Mais, là encore, pourquoi faire disparaître le cadavre ? Pour brouiller les pistes ? J'avoue que ce n'est pas clair. Et ensuite vous êtes rentré vous coucher sans rencontrer personne. Bref, voilà pour la nuit du quinze au seize. Est-ce que je me trompe ?

Rosely avait gardé le silence ; à peine avait-il eu un tressaillement lorsque Donadey avait insisté sur le fait qu'Isabelle était encore en vie lorsqu'elle avait été jetée à l'eau.

— Bien, je prendrai donc votre silence pour une approbation.

— Le ciré vert ? intervint Renart

— Le temps était à la pluie, murmura Rosely.

— Certes, reprit Donadey, mais météo mise à part, vous avez bien pris soin, après l'avoir enfilé, de vous balader avec dans un endroit éclairé du côté de Paul Mertz, clairement cette fois, pour brouiller les pistes, pour faire croire qu'Isabelle était peut-être allée lui rendre visite. C'était un peu tordu, mais ça nous a fait perdre un peu de temps. Est-ce que vous éditez également des romans policiers aux Editions du Berger ? J'espère qu'ils sont meilleurs que votre scénario ! Ce qui m'a intrigué, c'est la raison pour laquelle vous aviez gardé pistolet et ciré pour ensuite aller les dissimuler près de la villa de votre ami Mertz. A mon avis, mais vous me contredirez si je divague, vous ne pensiez pas que le corps d'Isabelle referait surface aussi rapidement ; vous comptiez avoir le temps de fourrer ces pièces à conviction chez quelqu'un d'autre, dans le bateau de Tony, ou chez Mertz, selon les opportunités. Entre nous soit dit, il ne fait pas bon d'être de vos amis ! Lorsque vous avez appris qu'Isabelle avait réapparu au ponton, vous vous êtes dépêché de vous débarrasser de tout cela, assez sournoisement, pas loin de chez Mertz.

La suite est facile à reconstituer. En examinant la photographie, très probablement par hasard, Sylvestre, Sylvain a tiré les mêmes conclusions que moi. Connaissant la mentalité du bonhomme, j'imagine qu'il a vu là une bonne occasion de se faire un peu de sous. Il s'est bien gardé de nous parler de la photo et il a dû essayer de vous faire chanter. Comment pouvait-il se méfier d'un poète fragile, lui le voyou costaud ? Je parierais qu'il était tellement sûr de lui qu'il avait même gardé la photo sur lui. Nous avons remarqué que vous lui avez fait les poches.

— Pas très élégant, ça ! observa Renart.

— Pourquoi tout cela ? continua Donadey, je ne crois pas que vous ayez été motivé uniquement par l'infidélité de votre femme. Il doit y avoir autre chose. Si vous ne voulez pas nous le dire, nous l'apprendrons de toute façon. Par de Marcilly ou autrement. Donadey se tourna vers son adjoint. Renart, passez lui les menottes, vous embarquerez tout à l'heure avec lui sur le bateau de Toulon, je vous rejoindrai demain. L'éditeur eu un regard apeuré et presque suppliant que comprit Donadey.

— Vous ferez la traversée menottes aux poignets, Rosely, et, je vous le garantis, au vu et au su de tout le monde ! Vous y veillerez Renart !

XVIII

Donadey avait accompagné Renart et Rosely menotté à l'embarcadère du bateau de Toulon. Ils avaient traversé le village et parcouru la jetée sous les regards stupéfaits des insulaires et des estivants à qui la silhouette de Rosely était familière. Son embarquement avait également suscité la curiosité et parfois l'inquiétude des passagers venus passer la journée sur l'île. Donadey savait ce que cela devait représenter pour l'éditeur, qui n'avait jamais ménagé ses efforts pour maintenir la distance avec le monde vulgaire alentour, d'être tout à coup privé de la cuirasse de son élégance et de sa dignité. Mais il ne ressentait aucune pitié pour cet homme qui avait froidement assassiné deux personnes pour des motifs qu'il présumait médiocres. Au fil des conversations durant cette semaine, la personnalité de Rosely s'était précisée dans son esprit. Il ne savait pas encore exactement ce qui avait poussé Rosely au crime, mais il s'en doutait vaguement. De Marcilly l'éclairerait certainement sur ce point. Donadey s'en revint du port vers la mairie. Sur la place, de petits groupes commentaient déjà avec excitation la nouvelle du jour. Justin et Julien, qui avaient récupéré leurs vélos, avaient été rejoints par Jean-Pierre et Robert auxquels ils donnaient les derniers détails. Le commissaire fit appeler de Marcilly.

L'avocat sortit de l'hôtel. Son visage était sans expression, le sourire distant qu'il promenait habituellement sur le monde l'avait abandonné. Donadey vint à sa rencontre.
— Marchons un peu, dit-il. Contournant la mairie pour éviter de traverser le village, il se dirigea vers la plage. Ils passèrent devant le ponton envahi par une bande de gamins d'une dizaine d'années, filles et garçons, qui sautaient joyeusement dans l'eau à grands cris. Un chien boxer sautait dans la mer à leur suite, nageait vers la plage, remontait sur le ponton et plongeait à nouveau inlassablement. Le commissaire et l'avocat s'arrêtèrent un instant.
— La vie continue ! observa Donadey.
— Oui, et c'est bien, répliqua de Marcilly qui n'avait pas ouvert la bouche jusqu'alors. Mais elle aurait pu continuer autrement…
— Vous aimiez Isabelle, n'est-ce pas ?
— Ce n'était pas difficile à deviner ! Depuis toujours ! Mais voilà, quand elle était libre, je ne l'étais pas, ou bien j'étais ailleurs, et inversement. Il y a des

vies, comme cela, qui sont faites de mauvaise synchronisation, de *wrong timing*... Mais j'ai toujours été là pour elle... sauf cette fois...

– Je sais que c'est un peu délicat, interrompit Donadey, mais je suppose que Tony n'était pas le premier écart d'Isabelle ?

– Non, mais il ne faut pas vous imaginer qu'elle avait des tas d'aventures. Elle aimait plaire, c'est tout.

– Mais alors, justement, pourquoi son mari l'a-t-il assassinée maintenant ? Ça ne ressemble pas à un crime commis sous le coup de la passion...

– Parce que ça n'en est pas un ! Voyez-vous, Francis Rosely s'accommodait fort bien des quelques infidélités de sa femme. D'une certaine façon, il l'aimait sans doute, mais comme un animal familier, comme un objet décoratif. Mais il y a autre chose. Quand il l'a épousée, Rosely était déjà au bord de la faillite. Sa maison d'édition, je vous l'ai dit, il la menait en dilettante, et sa revue littéraire était plutôt confidentielle. Mais avec Isabelle, il a vu l'occasion de voir plus grand, de s'étendre et d'assurer un financement pérenne pour sa passion. Il a racheté plusieurs journaux en profitant d'une conjoncture favorable et a bâti ce groupe qui aurait pu continuer à prospérer si lui-même s'y était davantage investi. Le couple possédait l'essentiel du groupe, à peu près quarante-cinq pour cent des parts pour chacun d'eux.

– Mais alors, raison de moins pour se débarrasser de sa femme ! C'est la fille d'Isabelle qui va hériter.

– Mais c'est qu'il a été malin ! Dans le contrat de mariage, il avait fait introduire une clause de préciput, ou de donation préciputaire, si vous préférez. Donadey manifesta son ignorance d'un geste vague. C'est tout simplement une disposition qui permet de soustraire une somme ou un bien de l'héritage, en faveur du conjoint survivant. Isabelle avait apporté pas mal de capitaux dont elle venait d'hériter de son père. Rosely a fait valoir que, vu la différence d'âge entre eux, il était davantage susceptible de partir le premier et que, donc, l'argent reviendrait de toutes manières à Isabelle. Evidemment, si j'avais été présent à ce moment-là, j'aurais tout fait pour dissuader Isabelle de souscrire à cette clause dangereuse. Mais, une fois encore, j'étais ailleurs.

– Je ne comprends toujours pas, s'étonna Donadey, pourquoi avait-il besoin de l'éliminer ?

– C'est simple. Parce qu'elle voulait divorcer. Pas spécialement pour Tony. Ce garçon était juste une passade de vacances. Mais parce qu'elle avait envie de vivre et qu'elle ne supportait plus Francis, ses poèmes médiocres et sa bibliophilie mortifère. En outre, elle avait commencé à se rendre compte que les affaires allaient mal et qu'il fallait sauver ce qui pouvait l'être. Or le divorce annule automatiquement la clause de préciput. Francis allait se retrouver nu. Il s'est affolé.

Donadey s'était arrêté. Il enleva ses espadrilles pour sentir encore une fois le sable chaud couler entre ses orteils. « Je vois » dit-il pensivement.

– Et cette fois-ci, j'étais près d'elle, et libre, ajouta de Marcilly amèrement.

– C'est votre cabinet qui s'occupait du divorce ? C'est pour cela qu'elle avait passé ce coup de fil depuis la boutique, n'est-ce pas ?

— Oui, je ne sais pas comment Francis a eu vent du projet d'Isabelle. Peut-être une maladresse d'Isabelle, ou d'un de mes collaborateurs...

— Pourquoi vous m'avez caché ces détails ? Si j'avais su que Rosely avait un motif, on aurait pu le coincer plus tôt et on aurait évité le meurtre du forain !

— J'ai cru qu'il allait s'en tirer une fois de plus, qu'il allait pouvoir continuer sa petite existence de parasite prétentieux. Vous savez, ces gens de lettre, comme beaucoup d'artistes, sont des égocentriques forcenés. Lorsqu'il s'agit de véritables créateurs, ça passe, car ils transmutent leurs obsessions personnelles en œuvres universelles qui enrichissent tout le monde. D'une certaine manière, si vous voulez, c'est une forme de don, ou de rendu, qui compense leur nombrilisme. Mais lorsqu'on a affaire à un médiocre, il ne reste plus que l'égo, la soif de vaine gloire, la rancœur et la frustration de ne pas l'obtenir. Les gens comme Rosely sont incapables d'amour, d'émotions vraies, de partage. Ce sont des fruits secs vénéneux. Et puis, quand j'ai eu la photo sous les yeux, j'ai pensé à Isabelle, à ce qu'il lui a fait, froidement. Il fallait qu'il paye !

— Vous croyez que de le balancer de la falaise vous aurait soulagé ? Vous êtes un homme de loi, de Marcilly, vous avez bâti votre vie là-dessus ! Ce n'était pas à vous de faire justice.

L'avocat regarda Donadey. « Je ne sais pas si je dois vous remercier de m'en avoir empêché, commissaire, je ne sais toujours pas... » Donadey se rappela les paroles de Rosely pendant son interrogatoire.

– Remerciez-moi, ou pas, honnêtement, je m'en fous ! Mon métier consiste, entre autre, à empêcher les gens de s'entretuer pour des raisons personnelles qu'ils élèvent au rang d'urgences universelles. Je vous ai évité de faire une connerie majeure qui aurait mis votre vie en l'air. Je ne pense pas que ce soit ce qu'aurait voulu Isabelle. En ce qui me concerne, j'ai fait ce que j'avais à faire. Pour le reste, on dira que vous avez fait, en toute innocence, une promenade au bord d'une falaise, avec quelqu'un dont vous n'auriez jamais pu imaginer qu'il puisse être un criminel, jusqu'à ce que j'intervienne. Je n'ai pas de doute que votre témoignage pèsera plus lourd que celui de Rosely, si jamais il s'avisait toutefois de vouloir vous mettre en cause, ce qui m'étonnerait.

Donadey, frappa ses espadrilles l'une contre l'autre pour en faire tomber le sable et ajouta : « et d'ailleurs, êtes-vous certain qu'elle aurait fini par vous épouser ? » Il se rechaussa et abandonna l'avocat sur la plage, perdu dans ses pensées.

EPILOGUE

Donadey revint au village en passant par le port. Les dernières navettes partaient avec leur chargement de vacanciers. Dans un ciel de feu, le soleil finissait sa course derrière les collines à l'horizon. Il ne portait plus aucune attention au spectacle devenu routinier des bateaux rentrant au port, ni aux allées et venues de tous ces personnages, insulaires ou estivants, qui lui étaient devenus en quelques jours familiers. Il remonta la rue de la Douane, tourna à droite et s'engagea dans une ruelle derrière l'église. Dans le petit jardin, une robe rouge séchait au vent. Il frappa à la porte et entra.

Donadey regarda autour de lui. La pièce était petite et meublée sobrement. On n'y voyait pas de ces bibelots laids et inutiles qui peuplent les intérieurs médiocres. Sur le mur opposé à la porte d'entrée était accroché un petit tableau, une gouache sans prétention, représentant la place du village et son église ; des flâneurs, des joueurs de boules, animaient le devant de la scène. Elle suivit son regard. « C'est un vacancier suisse qui me l'a donné. On le rencontrait partout sur l'île avec son chevalet. Je venais le regarder peindre lorsqu'il était sur la place ; avant de partir il m'a fait cadeau du tableau. »

Il restait planté dans l'entrée, hésitant à prononcer les mots qu'il avait préparés. Stupidement, il pensa soudain qu'avec ses espadrilles il avait rapporté du sable sur les tomettes et cette pensée le perturba. « Je suis venu vous remercier pour votre aide et vous dire au revoir, commença-t-il, je partirai demain par le premier bateau... »

Lisa l'interrompit : « Je suis contente que vous soyez venu. Et puis, justement, je voulais vous voir, Adèle est passée chez moi hier... »

– Elle vous connaît bien, je crois...

– Je la connais depuis toujours. Elle habite juste à côté. Lorsque maman était malade elle venait la soigner. Maintenant qu'elle est âgée, je l'aide un peu, mais elle n'a pas vraiment besoin de mon aide, plutôt de compagnie. Elle m'a fait une drôle de visite. Elle m'a demandé à voir des vieilles photos du temps de maman, je n'en ai pas beaucoup, et puis elle a insisté pour que je vous montre celle-ci. Elle sortit d'une boîte à chaussures posée sur la table une photo format 6x9 aux bords dentelés à la mode d'il y a quelques d'années, qu'elle lui tendit.

Donadey s'avança et la prit. « Elle vous a donné une raison ? »

– Elle m'a simplement dit qu'elle vous intéresserait.

Le cliché était de médiocre qualité, en noir et blanc, pas très bien cadré. Le personnage en uniforme était décalé sur la gauche et on lui avait coupé les jambes. Il se détachait sur un fond de mer. Donadey savait exactement où avait été prise cette photo : à l'endroit où des centaines de personnes auparavant et depuis lors, s'étaient fait immortaliser, en haut de la petite côte, dans le tournant surplombant le port, là où il avait discuté avec Julien sur le banc installé par le maire. Il ne manifesta aucune émotion, mais son cœur se mit à battre très vite et il sentit sa gorge se dessécher. Il retourna la photo, au dos était écrit un prénom, sans date. « Et alors ? » croassa-t-il en lui rendant le cliché.

– Je ne sais pas pourquoi elle m'a demandé cela. Peut-être que vous, vous le savez ?

– Vous connaissez la personne qui est sur la photo ?

Elle sourit. « Oui, bien sûr. Enfin, je ne l'ai jamais rencontrée, je ne connais que son prénom, Jean, mais je sais qui c'est. Ma mère n'en parlait jamais, mais un jour, c'était plusieurs années après sa mort, Adèle m'a donné cette photo et m'a dit que c'était mon père. J'ai essayé de la faire parler quelques fois, mais elle n'a jamais voulu m'en dire davantage.

Donadey s'assit sur le canapé et prit une grande inspiration.

Il le savait ! Il le savait bien depuis déjà un moment. Depuis que ces bribes de souvenirs effilochés étaient venues affleurer sa conscience. La bicoque en ruine, la robe rouge sur la corde à linge, les disparitions répétées de son père dans cette ruelle derrière l'église. Il n'avait pas cherché à en savoir plus. Qu'avait-il cherché d'ailleurs ? Il se leva. Lisa était restée debout au milieu de la pièce, la photo à la main et le regardait intriguée et soudainement alertée par son changement d'attitude.

Il marmonna une excuse incompréhensible et fit quelques pas vers la sortie. Elle dit doucement « Vous partez ? Vous êtes fâché ? »

Une main sur la poignée de la porte, il ne savait plus quoi dire ni où aller.

Elle posa sa main sur son bras et l'appela pour la première fois par son prénom. « Antoine ! Je ne comprends pas ce qui se passe, mais ne partez pas ! Pas comme cela ! »

Il se tenait maintenant dans l'encadrement de la porte, la main sur la clenche, en proie à des sentiments contradictoires. Il eut un sourire, mi triste, mi chaleureux, et secoua la tête.

– Vous avez raison Lisa, je ne peux pas partir comme cela. Nous allons même sûrement faire un bout de chemin ensemble. Mais sans doute pas comme je l'imaginais… Vous voyez, Lisa, moi aussi, je connais l'homme qui est sur la photo. C'est Jean Donadey, mon père !

***

Frissonnant dans la petite brise du matin, Donadey attendait sur le quai que le déchargement de la première navette de la journée soit achevé pour monter à bord. Des casiers de bouteilles et des cageots de fruits et de légumes s'entassaient sur l'embarcadère, attendant qu'épiciers et bistroquets viennent les chercher. Quelques voyageurs matinaux arrivaient sans se presser. La dernière caisse débarquée, le capitaine et son matelot prirent le temps d'allumer une cigarette.

Debout entre Lisa et Julien qui avaient tenu à l'accompagner au bateau, Donadey se sentait gauche et emprunté, incertain de sa place et de son rôle. Il tira une Gauloise de sa poche, mais elle lui échappa et tomba à l'eau. Lisa rit et lui prit la main spontanément pour faire sentir qu'elle ne se moquait pas de lui.

– Nous pouvons nous tutoyer, lui dit-il, pour rompre le silence. Et puis, tu sais que tu peux venir à Toulon me voir, et que si tu as besoin d'aide…

– Oui, je sais, répondit-elle.

Furieux contre lui-même, il regrettait ses paroles à mesure qu'il les prononçait, péniblement convaincu de débiter des platitudes. Il aurait voulu dire autre chose et plus, mais il se consola en pensant qu'après tout, ils avaient le temps maintenant.

Le capitaine jeta d'une pichenette son mégot à la mer et regagna la cabine. Lisa embrassa Donadey sur les deux joues et appuya un instant la tête sur son épaule. Il serra la main de Julien, empoigna son sac et monta à bord. Tandis que le bateau s'éloignait sous les premiers rayons du soleil, il garda les yeux sur les deux jeunes gens qui lui firent signe longtemps avant de se retourner et de remonter lentement ensemble vers le village.

Il pensa au village maure, à la ruelle derrière l'église, à la petite plage du port, à ce qu'il avait confusément cru possible l'espace d'une semaine, aux fantaisies du sort. Machinalement à la recherche d'une cigarette dans sa poche, sa main rencontra la poignée de feuilles, maintenant desséchées, qu'il y avait fourrée. Il la retira, huma les senteurs dont elle était imprégnée. Chassant alors aux quatre vents les pensées mélancoliques qui rôdaient dans son esprit, il alla s'installer sur la plage avant, se laissa bercer par les vibrations du navire et ferma les yeux. « Combien d'avenirs peut-on rêver ? » murmura-t-il. Cette pensée fit naître sur ses lèvres un sourire, il lui semblait bien qu'il n'avait pas rêvé depuis longtemps.

FIN

Washington, novembre 2015

Remerciements :

Merci à Anne, Eddy et Paul pour leur relecture critique

Dépôt légal : février 2016
ISBN : 978-2-9551438-34